品读城乡空间系列 | 陈易主编

乡记：乡愁空间的记忆

陈易　乔硕庆　张燕　编著

东南大学出版社
SOUTHEAST UNIVERSITY PRESS
·南京·

内容提要

本书选取汕头乡村地区作为研究实证,从理论和实践两个方面入手,提出了乡村研究的根植性、整体性和系统性三大原则,并用通俗的文字深入浅出地探讨了乡村发展过程中的治理特征、增长模式、发展机制和潜在路径。本书还从现状特征、历史脉络、机制成因等角度,初步厘清了汕头乡村发展的关键问题,并以机制结构性创新为切入点,提出了以文化纽带、城乡融合、系统耦合为核心的汕头乡村振兴战略路径和总体思路。

本书可作为城乡规划、产业规划、国土空间规划、旅游规划、生态规划等相关行业的研究人员及广大城乡发展爱好者的兴趣读本。

图书在版编目(CIP)数据

乡记:乡愁空间的记忆 / 陈易,乔硕庆,张燕编著.
南京:东南大学出版社,2024.12. --(品读城乡空间系列 / 陈易主编)-- ISBN 978-7-5766-1681-1
Ⅰ. F327.653
中国国家版本馆CIP数据核字第2024RS5252号

责任编辑:孙惠玉 李倩　责任校对:子雪莲　封面设计:企图书装 毕真　责任印制:周荣虎

乡记:乡愁空间的记忆
Xiangji: Xiangchou Kongjian De Jiyi

编 著 者:	陈易　乔硕庆　张燕
出版发行:	东南大学出版社
出 版 人:	白云飞
社　　址:	南京四牌楼2号　邮编:210096
网　　址:	http://www.seupress.com
经　　销:	全国各地新华书店
排　　版:	南京布克文化发展有限公司
印　　刷:	徐州绪权印刷有限公司
开　　本:	787mm×1092mm　1/16
印　　张:	10
字　　数:	245千
版　　次:	2024年12月第1版
印　　次:	2024年12月第1次印刷
书　　号:	ISBN 978-7-5766-1681-1
定　　价:	59.00元

本社图书若有印装质量问题,请直接与营销部调换。电话(传真):025-83791830

本书编委会

主　　　任：陈　易

副　主　任：乔硕庆　张　燕

学术顾问：马清亮　冯　奎

编委会成员（以姓氏拼音排序，含原作者与改写作者）：

陈灿新　陈　易　方　慧　侯晶露　胡正扬　李晶晶
李志刚　林崇明　马清亮　彭少力　乔硕庆　沈惠伟
孙　露　王憨东　王雪峥　谢蔚宇　闫　佳　叶志杰
于　涛　袁　雯　袁雨龙　张凯莉　张　雷　张　燕
周雨杭

本书作者

陈易，城市规划博士，正高级城乡规划师，南京大学城市规划设计研究院院长助理兼副总规划师、北京分院院长。南京大学产业教授、武汉大学兼职教授、北京交通大学兼职教授、北京大学客座教授顾问；南京大学中法城市区域规划科学研究中心研究员、北京中心主任；北京市东城区国有资产监督管理委员会外部董事；阿特金斯顾问（深圳）有限公司原副董事、原城市规划总监。主要研究方向为城乡区域规划、国土空间规划、发展战略规划、总体规划、概念规划、城市更新、空间治理与乡村振兴等领域。主持、参与过100多项城乡区域规划项目与研究课题，包括国家发展和改革委员会、国土资源部等部委重大试点项目，英国对外发展部国际合作项目。承担的城乡规划项目多次获得省、市优秀规划成果奖。著有《转型时代的空间治理变革》《城记：多样空间的营造》《镇记：精致空间的体验》《空间规划：城镇乡的元问题》《小市镇：理论与实践》，并在《城市》（Cities）、《国际城乡居住》（Habitat International）、《土地》（Land）以及《经济地理》《规划师》《城市问题》等多个社会科学引文索引（SSCI）国际期刊、中文核心期刊发表数十篇学术论文。

乔硕庆，城市规划与设计硕士，南京大学城市规划设计研究院北京分院研究员。主要研究方向为国土空间规划、战略规划、乡村振兴规划、人口发展规划、产业规划等方面。参与项目《娄底融入长株潭发展战略研究》《汕头市潮南区练江滨海生态发展示范片区产业规划（2021—2035年）》《咸阳市人口与城镇化发展专题研究》《咸阳市空间总体规划产业专题研究》《田横岛"小市镇"战略发展研究》等，参与编写系列丛书《城记：多样空间的营造》《镇记：精致空间的体验》《空间规划：城镇乡的元问题》《小市镇：理论与实践》。

张燕，高级城乡规划师，南京大学城市规划设计研究院北京分院副总规划师。具备二十多年国际知名规划顾问公司与国内规划设计机构工作经验，擅长中小尺度的法定规划、概念规划的设计表达及数据分析等。参加或负责近百个城市与区域规划设计项目，并获十余个省市级规划奖项。参与编写《空间规划：城镇乡的元问题》，并在多个期刊发表论文。

目录

总序一 ··· 8
总序二 ··· 10
序言 ··· 12
前言 ··· 14

1 初识：从书本到现实的乡村 ······························· 001
1.1 再读费孝通先生的《乡土中国》 ······················· 001
1.2 当下中国乡村的普遍现实问题 ·························· 002
1.2.1 乡村之困 ·· 002
1.2.2 乡村之势 ·· 004
1.2.3 乡村之道 ·· 005
1.2.4 乡村之术 ·· 006
1.3 需要坚持的三个基本研究原则 ·························· 006
1.3.1 科兹沃兹地区乡村考察带来的启发 ··············· 006
1.3.2 根植性：乡村演进的基本脉络 ··················· 008
1.3.3 整体性：乡村发展的城乡融合 ··················· 009
1.3.4 系统性：乡村振兴的耦合逻辑 ··················· 009
1.4 为什么选择汕头作为实证案例 ·························· 010

2 探究：根植于传统乡村社会经济组织的增长模式 ·········· 012
2.1 处处可见的乡村二元景观 ······························ 013
2.1.1 农业非农的经济景观 ···························· 013
2.1.2 半城半乡的空间景观 ···························· 015
2.1.3 "三个潮人"的社会景观 ························ 020
2.1.4 "弄潮守成"的文化景观 ························ 021
2.2 渐入不惑的增长动力机制 ······························ 024
2.2.1 生产要素：低水平利用下的乡村工业化 ·········· 024
2.2.2 社会要素：宗亲社会网络中的柔性经济 ·········· 026
2.2.3 文化要素：潮汕文化为内核的有机整合 ·········· 026
2.3 既有增长方式的后续乏力 ······························ 027
2.3.1 人口要素流通问题：劳动力短缺与乡村空心化现象 ··· 027
2.3.2 土地要素流通问题：用地资源碎片化与制度性约束 ··· 029
2.3.3 资本要素流通问题：乡贤反哺难以取代农业供应链金融 ··· 030
2.3.4 要素整体问题：人、地与钱方面的系统发展 ······ 031

3 辨析：聚焦在乡村振兴发展机制的结构创新 ········ 034
3.1 从三个基本原则剖析发展机制的结构问题 ········ 034
3.2 发展机制的结构创新：抓住问题的牛鼻子 ········ 035
3.2.1 社会文化纽带：对传统机制的扬弃 ········ 035
3.2.2 城乡融合理念：对区域机制的统筹 ········ 037
3.2.3 系统性的问题：对核心要素的整合 ········ 038
3.3 用社会文化纽带优化要素资源，彰显汕头乡村振兴特色 ········ 039
3.3.1 鼓励社会参与，用乡情吸引更多潮人反哺家乡 ········ 040
3.3.2 强化文化纽带，用乡愁吸引更多潮人参与本地建设 ········ 041
3.4 用城乡融合理念加快要素流通，实现乡村的供给侧结构性改革 ········ 042
3.4.1 农地改革，打通城乡要素流通渠道，解决城乡要素不平衡问题 ········ 043
3.4.2 农业创新，同步城乡供需升级环节，解决城乡要素不充分问题 ········ 044
3.4.3 品质提升，城乡环境品质共建，解决人民美好生活需求 ········ 046
3.5 用系统耦合思路提升要素水平，落实汕头乡村振兴抓手 ········ 047
3.6 结论：发展机制结构的"扬弃"与"发展" ········ 048

4 求索：基于机制创新的乡村振兴总体路线思考 ········ 051
4.1 乡村振兴总体路线初步设想：从治理、机制到实施 ········ 051
4.1.1 一个治理目标：乡村振兴现代治理水平的提升 ········ 051
4.1.2 三大发展机制：潮人纽带、城乡融合、要素耦合 ········ 052
4.1.3 三个实施阶段：近中远期相结合落实工作抓手 ········ 053
4.2 机制创新一：进一步发挥潮人文化纽带作用 ········ 053
4.3 机制创新二：进一步促进城乡区域融合发展 ········ 054
4.3.1 绘制汕头全域城乡一张蓝图 ········ 055
4.3.2 统筹汕头全域乡村振兴战略 ········ 058
4.3.3 健全完善城乡要素流通体系 ········ 060
4.3.4 实现城乡区域供需同步对接 ········ 061
4.4 机制创新三：进一步释放要素系统耦合效应 ········ 062
4.4.1 全面提升乡村产业赋能 ········ 063
4.4.2 全面提升乡村人口素质 ········ 072
4.4.3 全面提升乡村生态品质 ········ 075
4.4.4 全面提升乡村文化内涵 ········ 078
4.4.5 全面提升乡村治理能力 ········ 079

5 行动：推动乡村振兴的规划实践 085

5.1 潮南区全域乡村建设规划："乡村振兴战略"在区县层面的规划实践 085
5.2 以产业振兴为主的乡村规划实践 088
5.2.1 胪岗的实践：城乡产业一体化背景下的乡村产业升级 088
5.2.2 司马浦转型：从乡村经济、园区经济迈向特色经济 091
5.2.3 陇田与井都：传统产业与战略性新兴产业的融合发展 095
5.2.4 蓝丰村蝶变：产业创新助力乡村脱贫振兴的发展路径 099
5.3 以人才振兴为主的乡村规划实践 102
5.4 以文化振兴为主的乡村规划实践 105
5.4.1 多彩大南山：文化乡村振兴中的红色与多元体验 105
5.4.2 新文化成田：在坚持传统的同时拥抱互联网文化 109
5.4.3 传统陇美村：非物质文化遗产保护与经济发展并行 115
5.5 以生态振兴为主的乡村规划实践 120
5.5.1 生态促经济：练江滨海发展示范片区整治 120
5.5.2 绿色新产业：用生态本色焕新康养慢活乡镇 122
5.5.3 农业新模式：产业升级构建乡镇新发展格局 126
5.5.4 美好新篇章：量身定制建设乡镇生活新环境 131
5.5.5 合作促发展：生态引领联村共创乡镇产业发展共同体 135
5.6 以组织振兴为主的乡村规划实践 139

总序一

这是一套由一群在规划实践一线工作的中青年所撰写的有意境、有情趣，且兼具科学性和可读性的关于人类聚居主要形式——城、镇、乡的系列知识读物。它既为人们描绘了城、镇、乡这一供人们工作、生活、游憩等场所的多姿多彩的风貌和未来壮美的图景，也向读者抒发着作者对其事业、专业、理想及工作的热爱、敬业、追求和求索的心声。他们以学者般的严谨和初生牛犊的求真勇气，侃侃议论城、镇、乡建设中的美与丑，细细评点城乡规划的得与失，坦陈科学规划之路，也诉说着他们在工作经历中的种种感悟、灵感和思考。丛书中的描述、评论、探索兼具科学与文学一体，内容丰富多彩，文字清新脱俗，是难得的一套新作。

丛书可贵之处还在于作者们以规划者敏锐的视角，认清时代特征、把握社会热点，以鲜明的主题探讨城、镇、乡的发展和规划之钥。丛书主要由以下四个分册组成：

第一分册聚焦于"城"。城市，既是国民经济的主要增长极，是城镇化水平已超过50%、进入城市社会的中国人民主要的工作和生活场所，更是区域空间（城镇、农业、生态）中人口最为集聚的空间。如何规划、建设、打造好城市空间是贯彻以人为本、以人民为中心、以人民需求为目标的新发展理念的具体体现。在告别了城市规划"宏大叙事"年代以存量发展、城市更新为中心的城镇化后半场，该部分即以"多样空间的营造"为主题，以文学化的词汇生动地描述和记述了城市记忆空间、故事空间、体验空间、线性空间、流淌空间等这些尺度小却贴近人们生活体验的空间，真正实践"城市即人民"的本质。

第二分册聚焦于"镇"。镇，作为城之末、乡之首的聚落空间，既在聚落体系中发挥着城乡融合的重要联结和纽带作用，也是乡村城镇化的重要载体。"小城镇、大战略"依旧具有现实意义。该部分针对小城镇发展的问题和新形势，以"精明、精细、精致、精心、精准"作为小城镇发展的新思路，伴之以特色小镇大量的国内外案例，讨论了产业发展、体验空间、运营治理、规划创新等小城镇、新战略，让人们对小城镇尤其是特色小镇这种新类型有了系统的认识。

第三分册聚焦于"乡"。该部分遵循习近平总书记所提出的"乡愁"之嘱，以"乡愁空间的记忆"为主题，从乡村之困、乡村之势、乡村之道、乡村之术四个方面，满怀深情、多视角地从回顾到展望、从中国到外国、从建议到规划、从治理到帮扶，系统地把乡村问题，乡村发展新形势、新理念，乡村振兴的路径和规划行动做了生动的阐发，构成了乡村振兴完整的新逻辑。

第四分册聚焦于"国土空间"。该部分是理论性和学术性较强的一册。国土空间规划是当前学界、业界、政界最为热门的话题。自《中共中央 国务院关于建立国土空间规划体系并监督实施的若干意见》发布，并以时间节点要求从全国到市县各级编制国土空间规划以来，全国各地的国土空间规划工作迅速展开，成为新时代规划转型的一个历史性事件。城、镇、乡是国土空间的城镇空间和农业空间的重要组成部分。国土空间规划以空间为核心，融合了各类空间性规划，包括主体功能区规划、城乡规划、土地利用规划；同时，它又强调了空间治理的要求。因此，无论从理论上、方法上、体系上、内容上和编制上均有一个重识、重思、重构、重组的过程，是一种新的探索。因此，丛书的编制单位邀集了有关部门的学者共同撰写了这本书。该书从空间观的确立、各种规划理论的争论、国际规划的比较、三类空间性规划的创新、技术方法及新规划的试点实例和体系重构等对国土空间规划这一新规划类型和新事物进行了系统探讨。这既是对城、镇、乡这三类空间认识的提升，也是对这一空间规划类型的新探索，给当前广泛开展的国土空间规划提供了一种新的视角。

丛书由南京大学城市规划设计研究院北京分院（南京大学城市规划设计研究院有限公司北京分公司）院长陈易博士创意、组织、拟纲、编辑、审核，由全院员工参与撰写，是集体创作的成果。丛书既有经验老到的学术和项目负责人充满理性、洋洋洒洒的大块文章，也有初入门槛年轻后生的点滴心语。涓涓细流，终成大河，百篇小文，汇成四书。丛书适应形势，紧扣热点，突出以人为本，呈现规划本色。命题有大有小，论述图文并茂；文字清丽舒展，白描浓墨，相得益彰；写法风格迥异，有评论、有随笔，挥洒自如，确实是一套新型的科学力作，值得向广大读者推荐。

我一直支持和鼓励规划实践一线人员的科研写作。真知来自实践，创新源于思考，这是学科发展的基础。同时，在宏大的规划世界里，我们既要有科学、规范的理论著作，也要有细致入微的科学小品，这样，规划事业才能兴旺发达，精彩纷呈，走向辉煌。

崔功豪
2019 年于南京
（崔功豪：南京大学教授、博士生导师，中国城市规划终身成就奖获得者）

总序二

2012年，怀揣着一份规划工作者的激情与理想，我回到了母校南京大学，和一群志同道合的小伙伴在北京创建了南京大学城市规划设计研究院北京分院（南京大学城市规划设计研究院有限公司北京分公司）。经历了在国内大型设计院和国际知名规划公司十余年工作之后，当时我们希望构建一个能够兼顾规划实践与规划研究，兼具国内经验与国际视野，并且能够不断学习、分享、共同成长的创新型规划团队。如今回首思量，真正要做到"学习、分享、共同成长"这八个字，何其之难！

在不知不觉的求索之中，八年时间一晃而过。幸运的是，我们的确一直在学习，也一直在创新。我们实现了技术方法、研究方法和工作方式的转变，不变的是我们依然坚守着那份执着，带着那份初心在规划的道路上不断前行。这一路，既有付出也有收获，既有喜悦也有痛苦；这一路，既有上百个大大小小规划实践的洗礼，也有无法计数专业心得的随想；这一路，既有在国内外期刊上发表的文章与出版的专著，也有发布在网络与自媒体上短小的随笔杂文。由此，我们就自然而然地产生了一个想法：除了那些严谨的规划项目、学术专业的论文书籍，为什么不把随想心得和随笔杂文也加以整理，与人分享呢？这就好像我们去海边赶海，除了见证壮观的潮起潮落，还会在潮水退去后收获大海带给我们的别样礼物——那些斑斓的贝壳。编纂这套丛书的初衷也正是如此，我们希望和大家分享的不是浩如烟海的规划学术研究，而是规划师在工作中或是工作之余的所思、所想、所得。因此，这套丛书我们不妨称之为非严肃学术研究的规划专业随笔札记。

编写的定位折射出编写的初衷。之所以是非严肃学术研究，是因为丛书编写的文风是随笔、杂记风格，可读性对于这套丛书而言非常重要。这不禁让我回忆起初读《美国大城市的死与生》时候的情景，文字流畅、通俗朴实、引人入胜的感受记忆犹新。作为城市规划师，我们应该抱有专业严谨的精神；作为城市亲历者，我们应该有谦恭入世的态度。更何况，一群年轻的规划师本身就是思想极为活跃的群体。天马行空的假设、妙趣横生的语汇都是这套丛书的特点。之所以还要强调规划专业，是因为丛书编写的视角仍是专业的、职业的。尽管书中很多章节是我们在不同时期完成的随笔杂文，但是我们还是进行了大幅度的整理和修改，尽可能让这些文章符合全书的总体逻辑和系统，并且严格按照书籍写作的体例做了完善。可以说，丛书编写的目的还是用通俗易懂的文字表达深入浅出的专业观点。简而言之，少一些匠气、多一些匠心。

丛书的内容组织以城乡规划的空间尺度为参照，包含了城、镇、乡和空间等不同尺度，并以此各为分册。丛书的每个分册力图聚焦该领域近几年的某些热点研究方向，极力避免长篇累牍的宏大叙事。正如规划本身需要解决现实问题一样，丛书所叙述的也是空间中当下需要关注的关键问题。当然，这些文字中可能更多的是思考、探讨和粗浅的理解。其价值在于能够与城乡研究、规划研究的同仁一起分享、研究和切磋。

文至此处，已经不想赘言，否则，似乎就违背了这套丛书的初衷了。"品读城乡空间系列"自然应该轻松地品味、轻松地阅读、轻松地思考。如果能够在阅读的过程中有些许启发或者些许收获，那么自然也就达到编写本套丛书的目的了！

陈易
2019 年于北京

序言

> 明月别枝惊鹊,清风半夜鸣蝉。稻花香里说丰年,听取蛙声一片。
>
> ——宋·辛弃疾

陈易博士和他的团队共同编著的《乡记:乡愁空间的记忆》即将付印,他请我帮忙为这本新书作序。乍看书名,我不由想起了《西江月·夜行黄沙道中》这首词。八百多年前的上饶,返乡闲居于此的稼轩先生为世人记录了当时的乡间景色。无论是黄沙岭的明月清风,还是湖畔的稻香蛙鸣,无不让人在读完这首词后仍沉浸在简单、怡然、欢快的情绪中,而这种情绪此时发生于乡村的场景中是再合适不过的了。这首词的文字十分朴实,也恰恰是这种朴实引发了隐藏于读者内心关于乡村的共鸣。乡村最为珍贵之处在于它的朴实,最为朴实之处则在于它的纯粹。正是这份纯粹让人能够记住乡村的美好,也正是这份美好化作了当时的稼轩先生和后世的我们无论如何也无法放下的乡愁。

乡愁是什么?它是一种情感,更是万般滋味。它既有游子对故乡的眷念,也有赤子对故土的深情;它既渗透着历史的沉淀,也饱含了家国的情怀;它既存在于人们的心中,也根植于乡土的深处。无论是文化延亘,还是精神归宿,乡愁这两个字始终能让我们这些已疲于在高歌猛进中编制方案的规划师和忙于笔耕的研究者慢下来、静下来,仔细思考一下乡村建设的初心是什么。如果对乡村社会的基本特征缺乏基本的认识,对乡村空间的种种问题缺乏起码的了解,那么又何谈分析、研究和规划乡村呢?《乡记:乡愁空间的记忆》这本书的最独特之处在于,它并没有像一般学术专著那样评述和总结过往的种种研究,而是从重读费孝通先生的《乡土中国》入手,立足丰富、扎实的多年乡村地区调研,总结并提炼出关于乡村现实问题和基本研究原则的精辟见解。在这个基本框架下,这本书深入剖析了造成这些现象的根源性问题,并提出了乡村振兴机制创新的战略路径,可谓层层深入、抽丝剥茧、条理清晰。虽然作者将这本书定位为学术随笔,但也并不失为一本有内涵、有逻辑、有深度的专业著作。

乡村问题是什么?这个问题非常复杂,尤其是对于我们这个幅员辽阔、地域差异和发展差别巨大的泱泱大国而言。这本书非常谨慎地选取了汕头作为研究实证对象,并没有把研究触角伸得过长,也没有把研究领域铺得过大。这个研究思路在本书第1章实际已经有了很好的铺垫,即乡村研究的第一原则——根植性原则。脱离乡村的根植性去开展研究,甚至编制规划,都是很不严谨的。作者及其率领的团队在汕头持续从事规划编制和规划研究工作十余年，对汕头的乡村发展有着非常深刻的认识和理解。编写团队长期、深入的工作经历提升了这本书的价值，加之编写团队多年来在区域研究、治理研究和规划研究领域的知识积累，更增加了这本书的学术厚度。诚如南京大学崔功豪先生在治学中一直倡导的"实践出真知"，只有踏实地调研和深入地分析才能真正找到问题的关键，并探索解决问题的路径。

乡村振兴该怎么做？这或许是未来十年学界和业界最为关注的研究议题。乡村振兴作为国家战略，从"五个振兴"理念的提出到乡村振兴责任制的确立，都说明了全面推进乡村振兴的重要意义。落实到规划领域，乡村振兴的理论研究和实践工作难度仍很大，任重道远。这本书结合汕头乡村地区发展特点，为潮汕地区的乡村振兴提出了一些战略性、启发性的思考，具有较强的理论和实践价值。

总之，这是一部来自实践而又高于实践的著作，反映了作者及其团队成员在忙碌的规划实践之余还在不断学习、钻研、提升，这种精神十分可贵。这本书既为乡村振兴研究领域贡献了一份高质量的研究成果，也为中国其他地区推进乡村振兴提供了有益的参考。

故，欣然为之序！

张京祥
2023 年于南京大学

（张京祥：江苏省设计大师，南京大学建筑与城市规划学院教授、博士生导师）

前言

《乡记：乡愁空间的记忆》原计划是丛书的第三册，结果出版的时候位序已经排到第四了。实际上本书的初稿较早就已经形成，可是编写组总觉得不甚满意，前前后后花了大量时间进行修改、完善，甚至一度调整了整本书的写作结构；再加上一些其他因素，导致编写时间不断顺延。即便是交稿在即，我们仍然希望能够再多推敲、斟酌几遍。毕竟与前三册书相比，本书的主题对于编写组部分成员而言并不是那么熟悉。乡村，这个最小的人居空间聚落于我而言也是既近又远，既熟悉又陌生，既简单又复杂。因此，我们在编写本书的时候可谓是怀着十分敬畏、忐忑的情绪，生怕哪个地方没有写好而"露怯"了。好在我们拥有大量的乡村规划实践案例和较为系统的乡村发展调研报告，在这些前期工作的基础上我们才"敢"拿起笔谈一谈我们对乡村发展的粗浅想法。

规划实践和实地调研是我们研究的基础，也是我们讨论问题的出发点。当我们刚刚开始接触乡村规划的时候，实际上我们团队是有些发怵的。可是，在十分认真和投入地完成了十余个村庄规划编制后，我们开始逐步找到了其中的规律。如果说建筑师、景观设计师、社会学研究者在主持乡村规划编制的时候会从美学、环境和治理等不同角度切入乡村空间，那么规划师很自然地会提出应该首先考察乡村所在的区域，这个区域既有行政的内涵也有地理、历史和文化的内涵。在对这片城乡区域抽丝剥茧、逐层剖析后，我们提出了应该从乡村的根植性（社会治理）、整体性（城乡融合）和系统性（要素耦合）角度出发去分析乡村问题，并且应基于这三个维度构建出乡村问题研究的框架。在后续大量的乡村规划实践中，我们运用这个研究方法不断印证了我们的猜想。有了对乡村空间的基本构想，再去思考乡村的产业问题、文化问题、环境问题和治理问题时，都会找到一些线索和思路。

选择汕头作为本书最重要的研究实证既是必然，也是偶然。我们团队在汕头地区从事了十余年的规划实践，一方面积累了大量的实践经验，另一方面了解了当地的治理逻辑，这为我们思考潮汕地区的乡村振兴问题打下了良好的基础，再加上潮汕地区乡村问题在中国乡村研究中的独特性，也自然让汕头作为本书的研究实证成为必然。说到偶然，则是我们团队受汕头民主党派团队的委托编写了《汕头乡村振兴调研报告》，这是我们能第一次系统性地梳理汕头乡村振兴问题的机会，这个偶然的"调研"隐约在我们团队中种下了"草"。多年后，围绕这些有关汕头乡村的各类工作，我们展开了更为宏观的乡村问题研究。可以说，这也算是本书编写的缘起。必须承认，由于大量的研究素材来自潮汕地区的乡村，因此研究结论不可避免地会出现颇为"片面"的思考。毕竟我国幅员辽阔，区域差异明显，我们在面对具体乡村问题的时候不能生搬硬套，仍然需要在实践中踏实摸索出乡村发展的脉络和逻辑。

与丛书的其他分册一样，我们仍然希望能坚持用一些随笔式的文字讲述有关农村的地理问题、历史问题、社会问题、规划问题等，通俗地表达规划工作者对乡村的学理性思考。就本书而言，更是希望通过朴素的语言和同行一起探讨、分享有关乡村发展实践过程中我们遇到的一些问题。我们相信，涓涓细流终成江海。思考多了，研究多了，自然也就找到了其中的奥秘。在这里，要感谢陈灿新、方慧、侯晶露、胡正扬、李晶晶、李志刚、林崇明、马清亮、彭少力、乔硕庆、沈惠伟、孙露、王憨东、王雪峥、谢蔚宇、闫佳、叶志杰、于涛、袁雯、袁雨龙、张凯莉、张雷、张燕、周雨杭对本书的付出。没有他们笔耕不辍、持续学习和不断修改，很难想象本书能够成书。还要特别感谢中国人民政治协商会议汕头市委员会副主席马清亮同志，正是在马清亮同志的倡议和指导下才有了我们对汕头市乡村振兴工作的系统性调研与思考，这也奠定了本书重要的写作基础。同时，还要感谢时任汕头市潮南区区长李飞同志、时任汕头市自然资源局潮南分局的马肇义同志、时任汕头市潮南区仙城镇仙门城社区书记赵元廷同志。合作伙伴的大力支持让我们能够在乡村振兴的研究和实践中拥有更多的收获！

感谢这些年一直鼓励我们和支持我们的朋友，有你们的鞭策和鼓励，我们才能持续前进。规划是一个终身事业，需要不断学习、不断总结。怀着对规划学科、规划行业之心前行，与规划人共勉！

陈易
2023 年于北京

1 初识：从书本到现实的乡村[①]

1.1 再读费孝通先生的《乡土中国》

开启这本书的编写工作之前，我就不断提醒自己要再读一读费孝通先生的《乡土中国》。在不同的年纪重读一本好书，总会有不同的收获，《乡土中国》自然也是如此。当我初读这本书的时候，以为自己透过它知晓了中国的乡土社会具有怎样的特征与脉络。多年后再次拜读，才明白透过这本书看到的不仅仅是中国的乡土社会，而是乡土社会的中国。乡村是中国文化的根，我们可以在这里找到很多中国社会的答案。身为规划师，仅仅理解城市这一区域空间明显是不足和片面的，我们应该更深入地去了解乡村这个主体。在重读《乡土中国》的时候，书中的一些概念与我们这些年的工作得到了相互印证，理解书中的这些概念对我们研究乡村振兴、做好乡村规划有着很重要的意义。

第一个概念是有机团结与机械团结。这个概念并非《乡土中国》的首创，而是由法国社会学家埃米尔·涂尔干最先提出的。他认为一般社会包括了两种组织形式，即有机团结和机械团结。有机团结是指在社会分化之后，每个人都在从事某种专门化的职能，当然这种细分也让每个人必须依赖其他人，进而让社会形成一种相互依存的有机体。而机械团结则是强调个体在社会组织中的聚类，更类似于一种小团体的分类认同；个体、小团体之间的联系是机械的，也体现一种集体重于个体的特点。在《乡土中国》中，费孝通先生给出了有机团结、机械团结更具中国特色的诠释，即礼治社会和法治社会。在中国乡村这个"熟人社会"中，有机团结（礼治社会）是根深蒂固的，这与城市有着巨大差别。这个概念以及书中还提到的"礼治秩序"，对于我们理解乡村的治理模式有着很重要的启示。

第二个概念是差序格局。差序格局是因为血缘、亲缘甚至地缘关系而形成的有等级、有差异的秩序关系。中国的乡村有很强的血缘与亲缘联系，甚至放大来说还可以延伸到地缘关系上。在这种联系的基础上，我们可以看到当代社会中时不时出现的"某某宗亲会""某某同乡会"等。在这些"会"中，我们总能找到一些与自己相关的联系人，这也就形成了一个很有趣的名词——关系。费孝通先生在书中打了一个比方，他将中国社会的构成比作"一块石头丢在水面上所发生的一圈圈推出去的波纹"，波纹上的节点就代表每一个人，而每个节点与周围都存在关系，就好像一个人他既是别人的子女、兄弟、姐妹，也是别人的父母、叔伯、姑姨。按照这个逻辑，中国人的"家"可能指的是三口之家，也可能指的是包括了父母、子女、祖父母、叔伯、姑姨等人员众多的"家"，甚至一个村可能都是一个大"家"。在这个团体中，蕴含差序格局，也就是"伦"的格局。

第三个概念是长老统治。基于乡村中的有机团结形式和差序格局，传统中国乡村的权力结构也非常特殊。在书中，长老统治就是一个代表性的概念。中国人的祖先崇拜祖先、尊老敬老，以及礼治社会中所倡导的规矩、办法，使得中国乡村社会中老人的地位非常高，在乡村社会事务中的话语权也很高。至今，在很多地区的乡村中（如潮汕地区）还存在着老人会（元老会）之类的长老组织。他们通过宗亲关系在村里的公共事务中扮演决策者的角色。甚至老人会的动员能力和领导力可以辐射到已经离开这个村子多年的人群及其后代。可见，长老统治是中国乡村中一个很特殊的治理类型。

回到规划工作实践中，规划师常常会在乡村振兴研究或是乡村规划编制的时候被人诟病不接地气、难以落地，或者说用城市规划的研究方法去研究乡村；甚至有一种观点认为，乡村不应该被规划。我倒是认为这些问题大多属于规划师对以上这些概念掌握或理解得不够深刻。如果不理解乡村独特的社会构成、治理结构，那么的确很难编制出一个接地气的、能实施的乡村规划，也不可能完成一个扎实和深入的研究。

1.2 当下中国乡村的普遍现实问题

1.2.1 乡村之困

"困"在这里的含义是困惑，绝非贫困或是困难。困，是当前中国不少乡村地区普遍存在的一种窘境，它反映了乡村在其发展过程中所遇到的矛盾、彷徨与困扰。尤其是在社会经济发展的过程中，城乡角色与地位在不断转换，乡村发展的状况确实略显尴尬。

首先，在城乡角色转换过程中部分乡村出现了时间维度的分异。从发展演进的角度来看，一些乡村确实发展得相对滞后，尽管有一部分乡村曾经相当富裕。在大学读书时，郑弘毅老师曾和我们开的一个玩笑让我印象颇深。他说："中国乡村曾经可是比城市发达得多，有钱人都住在乡下，城里人还真的不要不服气啊！"现在想想这个玩笑话的背后也隐藏着乡村发展的失落与无奈。虽然没有做严谨的考证，但是也可以想象当年的乡村地区无论在经济、社会还是文化方面都不会逊色于城市。

长江三角洲地区（简称"长三角地区"）和珠江三角洲地区（简称"珠三角地区"）这些较为富庶地区的乡村就可作为这个观点的力证。在徽州调研的过程中，仅从目前保留下来的建筑装饰的复杂精美程度就可以揣测当年这里的富裕程度。加之周边地区泼墨山水画般的自然风光，全然一幅炊烟冉冉、耕读传家的景象。江浙地区的乡村情况大多都很不错，"鱼米之乡"的美誉并非浪得虚名。与长三角地区的乡村比较，珠三角地区的乡村则是另一番场景。一方面，我们可以看到较为典型的乡村加工业；另一方面，我们又能发现诸如牌坊、祠堂、风水池等非常浓郁的传统中国乡土元素。在珠三角地区之外的粤东地区，如潮汕的乡村又多了几分古朴、传承的感觉。自古潮汕地区就拥有"海滨邹鲁"的美誉，厚重的文化积淀往往可以在乡村中找到它们的踪迹。

其次，在城乡角色转换过程中乡村发展存在着空间维度的分异。从区域发展的角度来看，一些乡村确实没有发展起来，甚至差距越来越大。我们不能否认很多地区的乡村状况甚是不佳，这在阎海军《崖墙里：一个人的乡村与都市》这本书中可以充分感受到。毕竟在城乡角色转换的过程中，城乡差距已经越来越大，大部分乡村的发展速度确实已经落后太多。其他地区的乡村发展与长三角、珠三角地区的农村相比，差距还是很大的。

曾经由于工作的关系去到北方的一些农村调研发现，当地农民的生活状况甚至可以用"堪忧"来形容。"空心村"是这些地区农村较为普遍的一个现象，在这些乡村地区看到的主要居住人口还是留守老人和儿童，或者说主要还是以老人为主，一些学龄儿童也会随着进城务工的父母去其打工的城镇上学。城乡之间的人口流动是用脚投票的，乡村收入低是造成人口流失的根本原因。从乐观的方面来看，进城务工直至最终"被城市化"为农村人口提供了一个选择。有学者就提出了"空心村"未必是一件坏事的言论[1]。从悲观的方面来看，当越来越多年富力强的生产者从乡村前往城市，乡村地区的社会经济运转必然失衡。乡村地区不断为城市化进程提供养分，却普遍难以得到城市化所带来的红利。除此之外，远离城市的偏远乡村则更加无法享受到城市化所带来的发展机遇。因此，也有学者对城市化中近远郊、偏远地区农村的发展权进行了反思[2]，发现城市化过程对于远离城市的乡村地区发展而言未必显得那么公平。

最后，在城乡角色转换过程中乡村发展除了时间与空间维度的分异现象以外，还有很多值得思考的现象。例如，越来越多已经"进城"的农民不愿意放弃农村户口（即所谓的产业非农化，户口依然农业化），究其原因是他们希望保留老家的土地，这样一来，城乡两地的福利都可以享受。这样一方面可以在城市里有一份收入颇丰的工作、享受城市较好的公共服务；另一方面还可以保留在乡村的耕地、宅基地等。很显然这个现象并不是"问题"，而是一种新的"课题"。诸如此类的现象不断出现在发展过程中，自然而然也就产生了"剪不断，理还乱"的困惑。

1.2.2 乡村之势

明日城市向何处去？百年前，城市规划先驱埃比尼泽·霍华德提出了当时人们对城市发展的困惑，即明日乡村向何处去？同样，这个问题也适用于当下中国的乡村。十多年前我还在阿特金斯顾问（深圳）有限公司工作的时候，也就此问题和一位英国来的同事进行过讨论。他认为随着城市化的推进，乡村的衰落是必然的。当然这个衰落是一个相对的过程，也是居民用脚投票的结果。乡村数量逐步减少、人口向城市流动是必然趋势，英国北部地区就是一个例证。当然，这个过程并不意味着乡村就会一直陷入困境，如持续的贫困。至少，现在英国乡村都是富裕阶层向往的地方，更是旅游度假胜地，那里除了静逸的田园风光，还有高品质的生活配套，总之是一个极具吸引力的地方。我们讨论这个话题的时候有一个大背景——中国正处于城市增长主义最为凸显的时期，大量的新城、新区建设实际上是在掠夺乡村的空间资源。城乡之间看似是一种此消彼长的竞争关系，关于乡村未来的困惑也油然而生。城乡关系是研究乡村发展绕不开的话题，因此作为一名规划师，自然也会从区域这个维度进一步思考。

回到"乡村之势"这个议题，我们都知道在城市化的定义中乡村向城市人口的集聚、空间的转变，以及城市文明在城乡空间上的扩散是城市化过程的重要特征，这个集聚与转变的过程是城乡空间转化的一般规律。从区域的视角来看，城市的兴起与乡村的衰落似乎是难以扭转的趋势（至少在一定时期内这个趋势是存在的）。我们之所以没有觉察到这个趋势，是因为在过去的40年里我们更为关注的是城镇的发展，而乡村的发展实际上是被忽视了的。这个此消彼长的趋势在世界各国的城市化进程中都普遍存在，如美国、英国等发达国家的乡村衰落也较为常见。相信曾经在这些国家自驾游的朋友们或许会有这样的经历，在旅途中可能会碰到已经被废弃的乡村，或许这些村庄的建筑、设施还在，但村庄里面却早已没有了人的踪迹。

我们国家也有与这些国家乡村衰落类似的现象，例如，在规划实践中我们常常听到的"撤村并点"。这个名词在过去的城市规划中常常被提到，尤其是在城镇体系规划过程中。为了强调规模经济、配套成本，不少远离城镇，并且已经处于衰落阶段的村子往往会在规划中被"合并"掉。当然，触发"撤村并点"的诱因远不止这些，建设用地指标也是一个较为特殊的驱动力。在曾经做过的某地总体规划中，当地领导在开会的时候毫不掩饰地说要"合并掉一半的村庄，将腾挪出来的指标整合到中心城区"。远离城镇的村落会被合并，靠近城镇的村落自然也就在城市化的过程中被"融合"到了城市空间里。

当然也有一些较为特殊的案例，我们不能说这类村落是完全衰落了，只能说它们在一年中的某个"时段"上"衰落"了。在潮汕地区的调研中，很多传统村落已经没有常住的人群了，但是这类被称为"祖屋"的地方却也偶尔能看到一些外来的人口。潮汕地区较为活跃的市场经济带活了家庭作坊这种特殊的产业群体，先富起来的本地人往往会搬到城镇中或是另起新居。在平常的日子里，这些老房子会被它原来的主人临时用作家庭作坊的工人住所。即便这些村民换到了新的生活空间，但祖屋还是不能丢的。每逢春节，一家人会回到祖屋祭祖，这个时候，村落里往往会车水马龙，行人络绎不绝。

无论是废弃、合并、融入，还是局部、阶段、暂时的衰落，村庄与城市之间的此消彼长看似是城市化过程中绕不开的现象，其实仍然是一个渐次发展与进化的过程。在这个转变的趋势下，我们会关心乡村的生态、产业、社会等方面，归根结底还是在关心人的问题，尤其是仍然生活在乡村地区的人。恰如本次乡村振兴政策提出的政策背景之一，要实现共同富裕，要解决"不平衡"的矛盾。不管是留守在乡村的人，还是返乡的人，他们是乡村振兴最重要的参与者。

1.2.3 乡村之道

在和一些同行交流的时候，大家对乡村规划应该由谁来（主）做争议较大。有的人认为应该由建筑师来做，毕竟乡村的空间尺度较小，很容易涉及具体建筑的拆建与修缮；也有的人认为应该由景观设计师来做，因为乡村地区重点需要解决的还是公共空间问题，需要对风貌进行改造；还有的人认为乡村规划应该由社会学研究人员来做。乡村规划的难点已经不是工程技术问题，而是一个社会问题。乡村规划大部分时间实际上是与村民打交道，是群策群力的一个共治过程。当然，在大家拿出各自所做过的乡村规划本子的时候，其成果也是各有特色。每个专业都有自己的侧重点，当然这绝对不是所谓的乡村之"道"。

要做好乡村振兴研究或是乡村规划的首要前提是理解乡村。《乡土中国》之所以能让读者觉得深刻，是因为对乡村社会本质的深入探究和理解。规划研究归根结底还是在解决人的问题，人的需求是规划的动力源泉。城市以人为中心，乡村亦然。对乡村社会本质的理解是做好乡村研究、乡村规划，乃至乡村建设的根本，也就是所谓的乡村之道。专项研究、规划策划、工程技术手段则都是实现乡村之道的手段，或许我们也可以把它们称之为"术"。我们在日常的规划研究与规划实践中常常碰到"道"的话题，生态是道，产业是道，文化也是道。"道"似乎成了包罗万象、玄之又玄的东西。正所谓"大道至简，大道无形"，乡村之道更应是"自然而然"。

之所以觉得乡村之道应该是"自然而然"，是因为思考的角度就是从我们自身出发，即人的需求是什么？在这个意义上，类似尺度的城市社区和乡村社区又有多大的不同呢？记得在北京市东城区交道口街道南锣鼓巷社区更新调研过程中，尽管有千头万绪的细节问题要解决，但归根结底都是社区居民的需求问题。如何解决基础功能需求，进而解决品质功能需求，最为核心的还是要考虑居民的开门七件事，即柴米油盐酱醋茶，解决好这个之后当然就是琴棋书画诗酒花了。

1.2.4 乡村之术

承上所述，我们不妨将乡村之术理解为不同专业视角下的乡村振兴路径。正所谓麻雀虽小五脏俱全，涉及乡村发展的专业涵盖了产业经济、生态环境、规划设计、景观风貌等多个领域。或许有人会有异议，一个村庄为什么要牵涉这么多领域？很多地区的乡村规划都是找一个领域的研究团队不也解决了吗？这一点，我略有不同的思考。

我们的乡村仅仅是需要解决某一个（产业、生态或是其他）方面的问题吗？这不禁让我想起不少地区乡村振兴过程中的各类工作重点。有些地区的乡村振兴就是在做一些环境整治工作，通俗点说就是"穿衣戴帽、粉刷墙面"；有些地区则是在关注产业，推动乡村文旅发展；当然还有一些地区是在进行土地指标整理。先不论这些做法的对错，我们已经可以发现乡村振兴涉及的领域之多。更何况很多工作还只是停留在解决当前乡村最为棘手的基础服务供给问题上，诸如生活服务、就业机会等。

除了基础服务供给之外，乡村在发展的过程中还有不少短板需要不同专业进一步完善。曾经读到过一个观点：当前社会已经从功能消费转向了品质消费。当然我们可以将它再进一步延伸为从基础功能消费转向品质功能消费。在苏南的乡村地区，我们已经可以看到这一转变趋势的发生。而南京市江宁区的乡村振兴已然走到了"4.0"的阶段。从环境整治、产业导入、服务提升到治理方式转变，乡村发展不断从基础功能建设发展为品质功能建设。乡村之术也在这个过程中越来越多样化、越来越精细化。

1.3 需要坚持的三个基本研究原则

1.3.1 科兹沃兹地区乡村考察带来的启发

1) 英格兰的灵魂之乡——科兹沃兹

学规划的同行大都知道英国对城乡规划学科发展的诸多贡献，如新城研究或都市圈研究。实际上，英国的乡村发展也同样独树一帜。翻阅乡村建设文献资料的时候，我们常常会读到英国的科兹沃兹

(Cotswolds)地区。也许不少人对这个名字比较陌生，可是只要一提到温莎、牛津和巴斯这些耳熟能详的小镇，眼前总能浮现出田园生活的画卷，而这些小镇均是科兹沃兹的组成部分。科兹沃兹位于英格兰中部，号称英格兰的灵魂之乡。

多年前去伦敦开会，在当地同事的极力推荐下选择了科兹沃兹作为会后考察的目的地。在后续的十余天中，让我充分感受到了原汁原味的英格兰传统乡村。之所以说是原汁原味，是因为科兹沃兹地区带给人的感受不仅仅是英式的空间形态，还有英式的生活方式、文化感受、历史传承等，尤其是在路上总能遇到几个和你打招呼的老人，他们都会亲切地和你寒暄几句。那里的生活是安静的，甚至是缓慢的、悠闲的。不仅仅是那里的人，还包括了那里的牛羊、花草、阳光、溪水、农舍，甚至是教堂的钟声。

科兹沃兹地区在历史上就有着较好的发展基础，这里曾是英格兰王室分封的地区，目的是让这里的诸侯拱卫伦敦的王室，这有些类似于我国的京畿地区。当然，科兹沃兹的贵族们在中世纪拥有很多权力，例如，他们可以在各自的领地开设集镇收税。到了工业革命时期，科兹沃兹已经因羊毛贸易与纺织工业而变得极为富庶，和很多"先富起来"的地区发展路径一样，大量的基础设施、文化设施和教堂等都开始修建、完善。百年的累积，让科兹沃兹成为英国在历史文化、经济发展和生活休闲等多个方面都很发达的地区之一。就这一点而言，科兹沃兹与意大利的托斯卡纳地区和中国的江浙地区很类似。中国江浙地区的士绅们也在生活富裕之后，不断修建和完善家乡的祖宅、设施，家族的祠堂、私塾等。罗马不是一天建成的，这些闻名遐迩的地区也是这样，都经历了百年的积淀。

2) 对科兹沃兹的印象

朴实，是科兹沃兹带给我的第一印象。尽管科兹沃兹与伦敦只有2个小时车程，但是带给人的感受与伦敦形成了强烈的对比。科兹沃兹更像是镶嵌在一大片优质生态空间中精致却又古朴的斑块。尽管各个村镇的建筑风格有所不同，然而总体而言都保持了中世纪英格兰的风貌。这里少有富有现代气息的建筑，大部分村落的空间秩序较为类似。车站、广场、教堂、B&B[②]、小餐馆等构成了村镇主要的空间要素。

舒适，是科兹沃兹给我留下的第二印象。科兹沃兹村镇的空间尺度十分宜人，没有很夸张的建筑或是空间。无论是公共建筑还是住宅、庭院，都很适合人的感受。虽然这里少不了慕名而来的游客，但是科兹沃兹并没有为了发展旅游业而改变当地的空间形态。作为重要的社会交往空间，广场、绿地等空间尺度更是纯粹为了在地居民而设计（当然，我们也可以称之为自然而然地生长出来）。科兹沃兹村镇规模虽小，但不乏历史遗存，如第二次世界大战时期的纪念碑、名人遗迹等。这些历史遗存被很好地保留了下来，与当地人的生活并不违和。

品质，是科兹沃兹带给我的另一个印象，这里的品质是指现代生活品质。现代生活品质与朴素的乡村环境并不冲突，并不是说为了保护传统文化而去牺牲当下人们的生活质量。这里更像是一个被传统乡村风貌包裹下的现代生活空间。无论是零售餐饮，还是生活服务，都可以在此找到与大城市一样的品牌。或许是一种渐进渗透的缘故，科兹沃兹的现代服务与传统空间结合得非常好。

除了朴实、舒适和品质之外，共治是科兹沃兹留给我的又一个印象。乡村社区共治是这个地区的普遍特征，要同时保持传统生活节奏和现代生活品质，自然需要公众的共同维护。记得有一天去宽街（Broadway，似乎比翻译成百老汇更有趣）考察结束的时候，天色已晚并已饥肠辘辘。由于当时在一个居住社区，因此我们花了不少时间才找到一个只有外卖服务的小餐馆。当然，这个小餐馆出售的食物是英国的国菜——炸鱼和薯条。餐馆的主人是一对原籍北京的中国夫妇，见到之后颇有他乡遇故知的情形。他们告诉我，这个居住区的餐馆很少，他们这个外卖餐馆开业还经过了当地居民的投票才获得允许，这里的居民还是希望能保持原有的生活方式，甚至在餐馆菜品的选择这些小事上都会"斤斤计较"。

1.3.2　根植性：乡村演进的基本脉络

科兹沃兹地区的朴实折射出的是当地人对自身历史文化的自信，这种自信也正是科兹沃兹乡村发展的根植性源泉。科兹沃兹乡村的发展并没有拒绝现代化，它较好地将现代化与本地的文化有机结合在一起。正是当地人对自身文化的坚持才形成了现在的科兹沃兹，即英格兰的灵魂之乡。

根植性是乡村演进的基本脉络，这个道理不仅存在于英国，同样也存在于中国。为什么一提到"粉墙黛瓦"就会让人想到长三角地区的乡村？因为它已经成为一种文化符号根植在人们的记忆中。我们的乡村有着自己的文化脉络，有着自己的根植性。无论是粉墙黛瓦，或是祠堂照壁，还是小桥流水，俨然构成了江南地区乡村的朴实。即便是现在，我们驱车在苏南、浙北地区的时候，能感受到刚刚告别繁华喧嚣的大都市，又来到了烟雨江南的乡间。这些地方离现代不远、离传统很近。当地的人们在享受现代化生活的同时，也保留了很多传统的、根植的地方文化记忆。恰如费孝通先生所说的，我们带着这些乡土性走向了现代化。

从乡村研究的角度来看，离开根植性去分析乡村问题是难以想象的。中国幅员辽阔，地域差异显著，长三角、珠三角、京津冀及广大的中西部地区的乡村文化就有巨大差异。在乡村研究或规划的过程中，根植性是必须坚持的基本原则。

1.3.3 整体性：乡村发展的城乡融合

科兹沃兹地区距离伦敦很近，其周边和地区内也分布着不少发达的小城镇，区域已经形成了较为成熟的城镇—乡村一体化体系。这个一体化体系的形成体现了城乡融合、整体发展的态势。乡村发展的整体性体现在城乡要素的完全融合，这种融合包括了人口、土地、资本等各类要素的自由流动。

整体性是乡村发展的区域要素整合过程，尤其是城乡之间的要素流通。让城市的产业动能、消费需求、资本资源和人力资源能够向乡村地区辐射，让乡村的发展能够形成城乡之间的良性循环。目前我国乡村发展遇到的一个很明显的掣肘之处是城乡要素的单向流动问题。不仅仅是人口，还包括其他的生产要素都随着工业化和城市化向城市积聚，这自然会造成乡村的衰落；再加上城市的资源、消费很难下乡，这更加剧了乡村的衰落。我们常常听到"要打破城乡壁垒""消除二元发展"等理念，从本质上就是要实现城乡要素的自由流动，让乡村的资源能进城，更要让城市的资源能下乡。

在乡村规划的实践中，无论是乡贤返乡与乡亲一起建设美丽乡村，还是激发乡创从而使乡村充满发展的活力与希望，都是在试图整合城乡资源。在"三农"问题专家李昌平的研究中，曾提到过产业、土地与资本的闭环问题。这些问题的本质实际上就是乡村发展的整体性原则，只有将城乡整体性解决了，才能真正推动乡村的发展。

1.3.4 系统性：乡村振兴的耦合逻辑

在科兹沃兹的案例中，我们看到了这些乡村的共性是良好的生态基底、浓郁的文化氛围、特色的产业形态，当然还有社区共治的治理传统。这些共性问题体现了科兹沃兹乡村地区发展的系统性，即生态、人口、文化、产业和治理的系统耦合关系。

耦合逻辑是一种系统思维，要素的发展是相互嵌套的，所谓牵一发而动全身也就是这个道理。具体到某一个乡村的研究中，梳理清楚不同要素之间的关联关系是非常重要的。有可能生态要素在这个村子具有绝对发展优势，是乡村发展非常好的切入点，那么就需要厘清生态要素与其他要素之间的联系，从而进一步促动系统性发展。

《中共中央 国务院关于全面推进乡村振兴加快农业农村现代化的意见》提出"全面推进乡村产业、人才、文化、生态、组织振兴，充分发挥农业产品供给、生态屏障、文化传承等功能，走中国特色社会主义乡村振兴道路……促进农业高质高效、乡村宜居宜业、农民富裕富足，为全面建设社会主义现代化国家开好局、起好步提供有力支撑"。在这个文件中，包括产业、人才、文化、生态和组织振兴在内的五大振兴理念成为乡村振兴的重要战略支点。一方面，这五大发展要素中的任意一个在乡村振兴过程中都很重要；另一方面，这五大发展要素的统筹在乡村振兴中更为关键。就如同发展产业势必离不开人才、生态，而确立文化自信也离不开产业基础和组织水平。因此，五大振兴理念相互关联、相互促进。

在乡村振兴的研究中，单纯用传统的线性思维去思考已经不合时宜。我们已经无法再用"先做什么后做什么"的传统套路去设计乡村振兴的路径，而用系统性的耦合逻辑去看待乡村发展才是理性的选择。

1.4　为什么选择汕头作为实证案例

《乡土中国》为我们揭示了中国乡土社会运行的基本规律。尽管我国的区域差异很大，然而一些基本规律在大部分地区都依然存在。在开启这册书编写的时候，我们认为聚焦一个地区作为案例还是十分有必要的。一方面，可以在这个地区的实证中找到我们所说的"基本规律"；另一方面，也可以深入探究一下当地乡村发展的个性。既要做到普适，又要力求特色，确实有些难度。只不过将实证案例选择在华南地区是一开始就已经有的设想，再结合近年来的规划实践经验，汕头的乡村不禁跃入眼帘。

汕头，这个粤东滨海城市，地处潮汕文化核心区，人文历史悠久，文化积淀深厚，宋时就有"海滨邹鲁"之称。提到汕头，我们的脑海中常浮现出很多关键词，如潮汕、传统、开放、华侨等。我一直觉得汕头是一个非常神奇的地区，在这里你可以看到非常多样化的"冲突"。《乡土中国》中有一个十分深刻的观点：中国是带着浓重的乡土气息走向现代化的。这句话之于汕头，可以得到非常好的印证。在汕头，我们既可以看到非常现代化的一面，也可以看到非常传统的一面；在汕头，我们既可以看到街边的咖啡店，也可以看到比比皆是的工夫茶；在汕头，我们既可以看到中心城区的高楼大厦，也可以看到乡间地区的传统乡村空间格局，尤其是乡间地区类似插花式存在的祖屋这一独特的潮汕建筑形式。

提到祖屋，在潮汕大地可以说是星罗棋布。潮汕人愿意带着现代化走向城市、走向海外、走向更广阔的天地，但是他们永远不会忘记自己的祖屋。在潮汕地区，可以看到很多的村子几乎完整地保留了传统的建筑形式、空间格局。在这里，我们不仅可以找到很多传统中国文化的印记，甚至还可以看到我国改革开放以来现代化对乡村地区的影响。祖屋在潮汕地区至少有两个功用：在平时的生活中，不少祖屋已经成为当地小企业主安置他们员工的宿舍；在节日期间，祖屋毫无疑问成为潮汕人祭拜祖先的主要场所。春节往往是祖屋最为热闹、最具潮汕特色的时候。

可见，汕头地区的乡村同时拥有了实证案例所需的普适性特征（传统文化）和独特性特征（现代文化）二元要素。

除了以上的原因，还有一个重要的原因，那就是我们在这里十余年的规划实践。在实践中，我们不仅更深刻地理解了乡村运行的本质，而且有幸亲历了不少乡村的发展转变。从现实问题出发，到规划解决方案，再到规划实践校核，这个漫长的过程让我们更为直接地参与了乡村振兴。其间，我们有成功的经验，也有失败的教训，这都成了后续论述中重要的研究素材与依据。

第1章注释
① 本部分原文作者为陈易、闫佳，张凯莉校对修改。
② B & B 即 Bed and Breakfast，是一种酒店类型，类似国内的快捷酒店、民宿等。

第1章参考文献
[1] 孙君. 农道：没有捷径可走的新农村之路[M]. 北京：中国轻工业出版社，2011.
[2] 贺雪峰. 地权的逻辑Ⅱ：地权变革的真相与谬误[M]. 北京：东方出版社，2013.

2　探究：根植于传统乡村社会经济组织的增长模式[①]

炊烟袅袅、男耕女织、鸡犬相闻，这是我们对传统中国乡村生活场景的一种印象。男耕女织这四个字更是描绘了古代乡村较为理想化的经济组织方式，这种经济组织方式自然也是一种非常淳朴的乡村社会分工。它体现了传统乡村的社会组织，也就是所谓的经济—社会关系的根植性。随着乡村现代化进程的推进，乡村的产业结构、经济结构，甚至社会结构都发生了变化，其根植于社会经济组织的增长模式是否被颠覆也是值得思考的问题。我们带着这些问题，在汕头的乡村调研工作中努力寻找答案。

华夏大地既有的历史文化根基和中国历史上的六次人口大迁徙影响了现在中国的文化版图。对于华南地区而言，人口迁徙将中原文化带入其中，作为潮汕地区的核心——汕头就是一个很好的例证。潮汕（以汕头、汕尾和揭阳等地为核心的地区）有着其独特的文化渊源和地域特征，在汕头行政区划范围内的潮汕平原上散布着近千个村落。自西晋始，中原地区的北方汉族为了逃避战乱、摆脱生活的困境，举家迁入潮汕。由于当时的汕头地区相对于中原地区位置偏僻、交通闭塞，北方汉族的许多文化传统在这里被很好地保留下来。同时，潮汕地区在长期与南方少数民族的交流中又发展出具有鲜明地方特色的文化[1]。

在翻阅文献和实地调研过程中，我们可以初步总结出潮汕地区一些较为显著的地域文化特征。

（1）鲜明的地域文化

汕头（乡村）文化不同于地处一个地域中的畲族文化、客家文化，也有别于中国其他地域的地方文化，如齐鲁文化、荆楚文化和吴越文化。汕头文化包含很多的文化特质，而潮汕方言最能解释其中的特殊之处[2]。

（2）强调宗亲文化

相较于其他地区，汕头的农村有着更为发达的宗族制度，并建立了相应的"家庭—宗族"的社会结构。这一文化特征反映在汕头农村的方方面面，且直接促成了潮汕地区独具特色的传统村落空间形态。这一点倒是很像《乡土中国》中所描述的那样，潮汕地区的宗亲文化完整体现了中国乡土的特征。

（3）重商文化浓郁

"红头船"文化体现了汕头人敢闯、敢拼的崇商精神。远离中原的滨海区位、多山多丘的地形环境、人多地少的严酷现实，使得汕头人自古就形成了善于经商的传统。"海内一个潮汕，海外一个潮汕"说的正是潮汕的重商文化，汕头乡村地区的经济组织更是留下了重商的文化烙印。"宁当小老板，不当打工仔"是这里非常普遍的观念。

改革开放后，汕头独特的地域文化在乡村经济组织重构中发挥了巨大的作用。宗亲文化与重商文化在汕头农村地区的叠加，像是化学反应一般催化着潮汕非正规经济的发展。20世纪80年代，汕头农村地区借助"侨乡"（这也是宗亲文化的一种体现）的独特地缘、文化优势，发展起以民营经济为主体的"三来一补"加工制造产业。在改革开放初期，这种外向型经济模式带动了汕头农村地区的快速发展，并涌现出"中国家居服装名镇""中国内衣名镇""中国针织名镇"等一批生产专业镇，其产品甚至在国内市场占据半壁江山。

1998年金融危机之后，一方面国际和国内市场环境在发生变化，另一方面国内经济发展模式也在不断寻求转型，潮汕地区原有的乡村经济组织模式受到了很大影响。此外，之前的低水平工业化快速扩张过程中的一系列问题也日益显现，如企业规模小、技术水平低、建设规模过大、资源耗费严重、城市化严重滞后等[3]。在经历了二十多年的快速发展之后，这种曾经让汕头人引以为荣的汕头乡村经济发展模式遇到了前所未有的窘境。

2.1 处处可见的乡村二元景观

汕头乡村地区自下而上的经济组织模式让其呈现出与国内其他农村地区大相径庭的发展图景：一方面，汕头乡村地区非农经济发达，特别是散落在乡村地区的产业专业镇高度发育，在产业形态上表现为农业地区经济非农化的经济景观；另一方面，汕头城市化发展长期严重滞后，与经济非农化速度完全不匹配。究其原因，既有本地土地政策的限制，也有"宗亲文化"传统的制约，更有本地市场意识的瞬间爆发等，使得汕头乡村地区的土地开发呈现出高度的自发性，甚至盲目性。汕头乡村存在大量填缝式的村庄空间、城镇空间和农田空间，这些空间构成了汕头乡村地区的割裂且混杂的独特空间景象。

2.1.1 农业非农的经济景观

汕头是我国民营经济发育最早的地区之一。第二次鸦片战争后，汕头的大门被外国人强行打开。自1860年开埠开始，汕头走上了近代工业化的发展道路——吸引外国资本主义工业到汕头投资建厂。19世纪70年代，在外国资本工业的刺激与商业贸易迅速发展的推动下，民族资本工业掀起发展的大潮。大批海外潮商回国（回乡）投资建厂，加之本地工业资本抓住机遇发展轻工业，奠定了汕头市民营经济的发展基础。因此，与国内其他地区一般意义上工业化的"城市指向""国有经济指向"特征不同，汕头的工业化肇始于村镇的工业化，以民营经济为主导[4]。

1983年，汕头把发展乡镇企业列为农村商品经济的三大基地之一，推行以家庭经营为主要形式的联产承包责任制[5]，按商品经济特征来发展社队企业②。在政府建设投资拉动和外资、民资的多重推动下[6]，汕头小城镇工业异军突起，工业企业数量由少到多、企业规模由小到大，涌现出一批工业化程度较高的小城镇，如潮南区峡山街道的化妆品，潮南区两英镇的纺织服装，潮阳区谷饶镇和龙湖区外砂街道的针织服装，潮阳区和平镇的音像制品，澄海区东里镇的五金工具、凤翔街道的电动玩具等③（表2-1）。2013年，汕头全市的乡镇企业总产值达到2 528.06亿元，超过全市工农业总产值的50%。

不同于江浙地区乡镇企业相对集中的发展模式（专栏2-1），汕头地区的村镇工业用地开发呈现固有的自发性与盲目性。"村村点火、处处冒烟"的现象十分普遍[7]，传统农业生产和小工业生产空间交织混杂，形成了迥异于其他乡村地区的二元经济景观（图2-1）。

表2-1　汕头市域现状城镇职能一览表

城市职能		城镇名称	城镇数量/个
综合性城镇	省域副中心城市	汕头中心城区	1
	地方性中心城市	潮阳城区、潮南城区、澄海城区	3
	综合性城镇	谷饶镇、和平镇、两英镇	3
专业化城镇	工业城镇	贵屿镇、东里镇、莲下镇、司马浦镇、胪岗镇、外砂街道、莲上镇	7
	商贸城镇	陈店镇	1
	旅游城镇	仙城镇、莲华镇、后宅镇、云澳镇、深澳镇	5
	农业（渔业）城镇	关埠镇、金灶镇、西胪镇、海门镇、新溪镇、井都镇	6

> 专栏2-1　江浙地区民营经济发展特点
>
> （1）经营主体：私营个体经济。
> （2）经营方式：以民营为主。
> （3）企业产权：以民有为主。
> （4）事业力量：以民办为主。
> （5）生产要素获得：国内或者地域内部。
> （6）发展模式："内向发展模式"，依靠乡镇企业迅速发展拉动地域经济增长，不依靠外商投资发展。
> （7）发展特色：块状经济，以市场为导向，通过社会化分工和专业化协作，链接分散小企业。
> （8）企业保障：政府尊重群众首创精神，不断调整管理职能，不断完善产权制度改革。

图2-1　汕头农村地区乡村工业和农业种植混杂的空间景观

2.1.2　半城半乡的空间景观[④]

伴随汕头乡村地区村镇工业蓬勃发展，乡村地区的空间景观却是另一番景象。汕头的乡村并没有因为村镇工业化发展而趋向城市化；恰恰相反，乡村工业空间布局散乱直接导致了空间秩序的失控。村镇工业用地开发呈现其固有的自发性和散乱性，小规模的工业小区和独立的工业厂房遍地开花[8]。"半城半乡"（Desakota）这一概念由加拿大地理学家麦吉（T. G. McGee）在1987年提出，他针对亚洲发展中国家地区研究之后，认为分布于大城市之间的交通走廊地带与城市相互作用显著，非农产业增加迅速的乡村地区是完全不同于西方大都市带的新型空间结构，是通过乡村地区向半城半乡转化的一种城市化过程。汕头乡村地区就是典型的半城半乡地区。按照《汕头市市域村庄规划编制专题研究》的说法，"汕南片区在城乡建设空间上突出地呈现出低品质高密度半城市化地区的地域状态（尤其是练江流域）"。具体体现在：城乡用地连绵混杂、人口与用地密度高、城乡边界不清晰、经济活动多元混合、人员和货物流动性强等特征，趋向于一种半城半乡、亦城亦乡的"Desakota"模式⑤。从空间生产理论的角度分析，半城半乡地区的空间和背后体现的社会关系更为复杂。人多地少，往往是这一地区最为突出的空间特征，因为缺乏自上而下强有力的空间管控，所以空间上往往呈现为破碎、自组织的"混沌空间"（图 2-2）。

"混沌空间"是一个建筑发展到城市空间所产生的词汇，它也是半城市化地区的核心空间表现。"混沌空间"一词最早出现在气象学中，2002年第一次出现在建筑空间的相关文献中。张在元将"混沌空间"与建筑之间的关系重新梳理[9-10]，他认为建筑设计的方向基点未来将趋向于"混沌空间"，即时代多元文化的冲突、混合，以及建筑与城市的秩序、无秩序复合空间的重构。"混沌空间"在一定程度上跨越了传统和现代，形成了时间和空间两个同等重要的侧面，并不断变化。他将多样化的建筑模式引申为无序中的有序，正如半城半乡地区的自组织特征一样。无论是城镇还是乡村，"混沌空间"都显得无序、松散，缺乏整体规划设计引导，乡村地区呈现出生产、生活功能分区混杂，建筑形式布局混杂，外部公共卫生环境混杂等一系列问题。这些在我们看起来混乱的布局对于长期居住在这里的人来说已经形成了半城半乡地区内在的秩序。

图 2-2 半城半乡地区高密度、破碎化的城乡建设用地

（1）半城半乡的物质空间往往分布于水系和公路两侧（图2-3、图2-4），这与村民的生活、生产出行有着密切的关系。在汽车出现之前，村民要依靠船作为主要交通工具。择水而居成了最经济、便捷的方式。甚至在调研过程中，当地的村民还依稀记得儿时都是划着船去城里玩。除了通行，生活用水及风水理念也是村民选择依水而居的重要因素。当水上交通渐渐衰退，陆路交通逐步成为主流，开发建设选址也开始沿主要交通干线分布。由于对用地布局缺乏宏观引导，以及政府基础设施投资有限，因此人多地少的用地矛盾倒逼了对道路周边用地（或其他交通设施）的极致化使用。在当地人眼中，这种对道路沿线用地近乎见缝插针似的开发是最具效率的。

（2）半城半乡的物质空间还体现在宗亲文化特征下以村为主要单元的空间集聚上。汕头乡村地区保留了相当的地方文化脉络，尤其是在父老关系中，血缘、姓氏和宗族形成的秩序根深蒂固——这是一种依附于土地的牢固关系。农村土地所有制在这层牢固关系上又进一步夯实了这种独特的空间组织方式。农村土地集体所有制使得新增宅基地只能在本村范围内选址，村民为了改善居住环境所新建的住房也多选择依附传统聚落。从村内部来看，新增的居住空间并非无序，而是通常在某一两个方向上集聚，村集体对本村的空间发展起到了有意识的引导（图2-5）。公共服务设施的分布同样呈现以村为主要单元的分布特征（图2-6），在村一级的各项设施均能够考虑完整。可是这些秩序一旦出了村，到了镇或更高一级区域层面，就完全失序了。

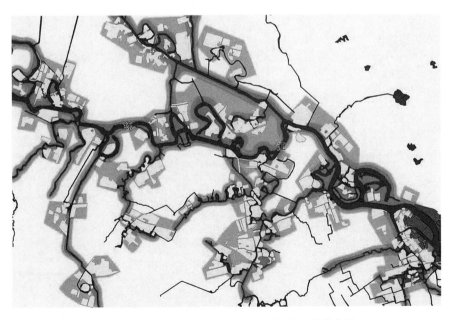

图2-3　半城半乡地区水系引导下的城乡聚落布局

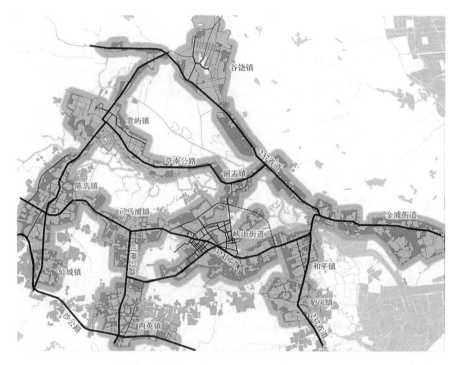

图 2-4 半城半乡地区交通引导下的城乡聚落布局

图 2-5 半城半乡地区新增居住空间向传统聚落空间的聚集

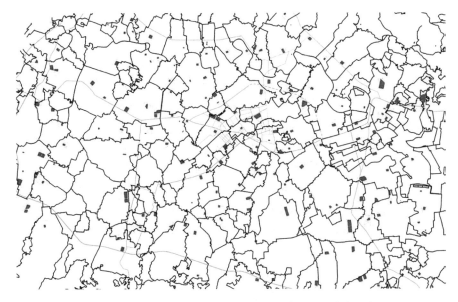

图 2-6 半城半乡地区以村为单位的公共设施的分布示意

（3）半城半乡的空间秩序还体现在生产空间的"无章"。最为典型的就是那些散落在潮汕大地上，由活跃的民营经济造就的村级"工业小区"（图 2-7）。半城半乡地区产业空间的选择较之生活空间的选址，更加受到本地经济利益的驱动。生产空间相对来说虽更加集中，但总体仍然呈现出极为分散的破碎空间。强大的"自组织"方式与"熟人社会"自下而上的利益关系，形成了规模不大但数量众多的企业生产关系，从而造就了不断增加且内部有着强大经济黏性的"工业小区"。地方崇商思想以及对短期利益的追求导致了这些生产空间往往与生活空间高度混杂，甚至极大地挤压了原有的生态空间。

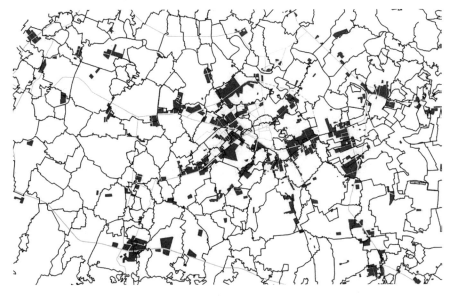

图 2-7 半城半乡地区以村为单元的"工业小区"分布

综上，半城半乡地区具有"家（庭）园（区）经济"的特征。遗憾的是这个"家（庭）园（区）经济"并没有给我们带来高品质的生活与工作环境，而低品质环境空间充斥在这个半城半乡的地区。"混沌空间"形成并展现了非常鲜明的社会空间生产逻辑。半城半乡地区的社会空间生产逻辑与西方大都市带的新型空间结构有着本质区别。政府力量与市场、公众力量在互相制约，因此它在半城半乡中的作用十分有限。同时，自下而上十分强大的社会力则能够通过宗亲关系传递强有力的行动信号，而地方市场力则大部分依托本地的集体空间。内在形成的成熟、关联、闭合的发展系统给规划带来了挑战。因此，如果要真正提升半城半乡地区的低环境品质"混沌空间"，就需要充分理解并尊重已经存在的"内在秩序"，从规划设计的系统性和实施性出发实现空间重构（图2-8）。

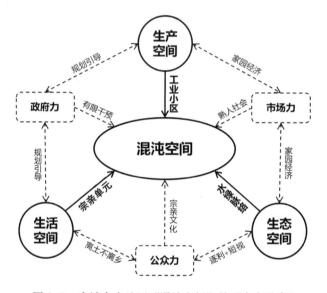

图 2-8 半城半乡地区"混沌空间"的"内在秩序"

2.1.3 "三个潮人"的社会景观

汕头市乡村地区村镇工业的蓬勃发展，与汕头本地久已有之的"下南洋""红头船"精神密切关联。在改革开放之初，汕头村镇居民凭借对外开放的特殊政策和毗邻港澳地区且与台湾地区隔海相望的区位优势，运用特区、侨乡、港口城市和民营经济的综合优势[11]，发展起以民营经济为主体的"三来一补"加工制造产业。

可是潮汕地区地少人多，不少人被迫走出家乡，到世界各地谋求生计，以致潮汕人的分布形成"三分天下"（潮汕、潮汕以外的中国地区、海外）的特点。在本地的汕头人与在外的汕头人抱团合作，形成了"本地一个汕头，外地一个汕头，海外一个汕头"的社会局面（图2-9）。潮

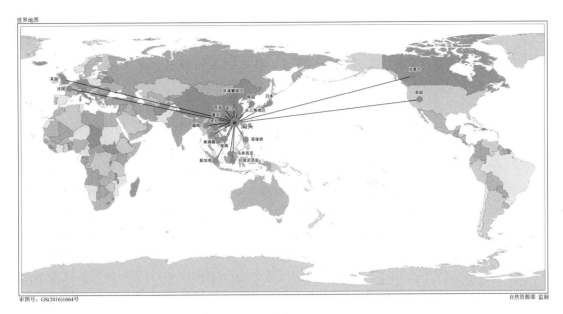

图 2-9　汕头与海内外的经济联系

汕人拥有一种以家乡观念和族群凝聚力为纽带，集中团体成员力量，谋求一致利益的核心理念[12]。潮汕人的团结与他们特有的相互认同的人际关系成为其他地域社会网络难以比拟的优势。潮汕人更是将这种做事讲究抱团的理念运用到经商上面，经济组织、社会组织的叠加再次显现出汕头乡村独特的社会景观。

2.1.4 "弄潮守成"的文化景观

汕头的乡村文化景观可谓是传统与现代并存。在汕头的乡村调研过程中，这种感受尤为深刻。在这里，既可以看到精湛绝伦的嵌瓷，又可以看到贴着马赛克的西式小楼；既可以看到年轻人在划龙舟竞赛，又可以看到以高球车作为代步工具的村民；既可以看到品工夫茶的乡亲，又可以看到挤满学生党的奶茶店。潮汕人敬畏传统，追逐时尚，他们既是传统的守护者，又是时代的弄潮儿。

在宗亲文化基础上形成的宗亲会，围绕宗亲文化凝聚而成的"村"在潮汕地区扮演了至关重要的角色⑤。"村"不仅负责宗祠建设、敦亲睦族、文化传承、公益福利等工作，而且承担了规划当地经济社会发展方向等原本属于政府部门的工作。各种城乡建设和社会经济活动都以"村"为单位展开，如道路投资、校舍建设、工业开发、居住用地选择等⑤。正是由于"村"的力量，汕头乡村的传统文化得到了很好的保存和延续。

改革开放以来，潮商通过投身社会公益事业、投资兴办实业等方式，为汕头的发展提供了精神和物质上的重要助力。以潮南区为例，自设区以来，潮南区共接收华侨和我国港澳台同胞捐赠兴办公益项目155宗，累计金额超过2.6亿元，其涵盖文化、教育、医疗、卫生、修桥、筑路、水改、奖教奖学、扶贫济困、敬老慈幼、风景区建设等各个方面（图2-10）。

目前，在广东省、汕头市和潮南区还形成了与地方特色产业发展相关且具有影响力的社会组织（表2-2）。由社会团体、海外侨商、企事业单位等组成的社会组织在推进汕头市经济产业发展上发挥着重要作用。例如，在纺织服装业方面，潮南区的中国纺织品商业协会家居服专业委员会是目前中国纺织服装行业唯一的全国性组织。另外潮汕地区农村特有的"老年人协会"，俗称为潮汕民间人人熟知的"老人组"或"长老会"，由当地有威信的老人组成，在村级重大事务中发挥关键作用。

调查显示，潮南、潮阳地区的人群对于潮汕文化的认同程度较高。约90%以上的家庭所在的村落会举行祭祀活动，约80%的家庭参加过村里的祭祀活动，超过六成的家庭认为祭祀活动很重要，并且一半以上的人群参加祭祀活动时"心怀崇敬"（图2-11）。调查表明，潮汕文化并不是一种封建迷信文化，更多体现的是一种家族崇拜。传统的祭祀活动非常普遍，正因为潮汕文化中对于家族的重视，潮汕人对于子嗣的延续尤为重视，70%以上的家庭表示如果经济允许，希望有2—4个孩子，这也反映了潮汕文化对于家族兴旺，以及希望家族能够不断延续的愿景（图2-12）。

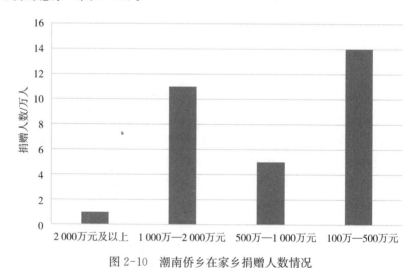

图2-10 潮南侨乡在家乡捐赠人数情况

表2-2 潮汕人推进潮汕经济发展的社会组织

地区	社会组织	备注
全国	李嘉诚基金会等慈善机构	已形成定向型资助形式，如对汕头大学定期进行资助

续表 2-2

地区	社会组织	备注
广东省	广东省潮商会	全省潮商人的交流组织
	深圳市潮汕商会	5A级商会，在国内的潮汕人中有约一半的人在深圳
	广东省潮汕民俗文化交流协会	文化发掘、保护和研究、文化交流等
汕头市	汕头存心善堂	汕头市慈善总会分支，潮汕地区最有影响力的慈善机构，提供慈善救济、兴学（特殊教育）、丧葬等服务
	汕头市商业协会	以潮汕地区各行业中小型企业为主体，在辖区开设分会
	汕头市潮汕旅游协会	汕头市与旅游产业相关的行业组织
	汕头大学国家社会工作专业人才培训基地	经常接受李嘉诚基金会资助的学院机构
	父母会、福利会、丧事会	对社会公德的维护
	长老会（老人组/老年人协会）	维权、组织兴建基础设施等，村民委员会的凝聚力不如老人组，是对民对公的桥梁
行业相关	中国纺织品商业协会家居服专业委员会	行业内唯一的全国性组织
	汕头平面设计俱乐部	由潮汕地区及外地的潮汕籍优秀专业设计师自愿组成

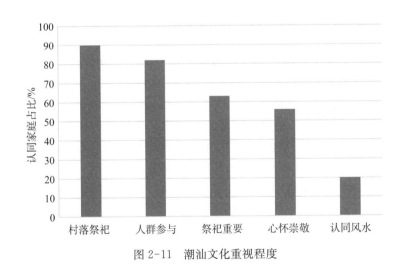

图 2-11　潮汕文化重视程度

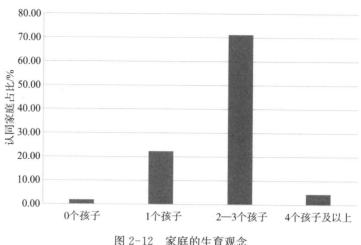

图 2-12　家庭的生育观念

2.2　渐入不惑的增长动力机制

改革开放已逾 40 年，中国很多地区的发展模式已进入转型探索阶段。然而在这个时候，汕头乡村却在惑与不惑之间徘徊。在以宗亲文化为纽带的非正规经济发展模式下，汕头乡村地区的企业家们同乡同宗互相扶持，形成一个个以村落为单位的特殊的"产业集群"。虽然这种非正规经济模式下的企业普遍技术层次不高、产品档次较低，但是不可否认的是以宗亲文化和自组织模式为核心的汕头乡村地区的经济发展模式，在过去的二十多年以其很强的稳定性和抗风险性，成为驱动汕头乡村地区发展的核心动力。然而，我们要提出一个问题：这种模式是否还能继续支撑未来汕头乡村地区的经济持续发展？

2.2.1　生产要素：低水平利用下的乡村工业化

当前汕头地区乡村经济发展的主要动力来源于民营经济。2017 年，汕头市民营经济增加值达到 1 685.64 亿元，占全市工业总产值的比重超过 70%[5]。虽然民营经济当之无愧的是汕头市乡村地区经济"最具活力的增长点"，但是民营经济的问题也很突出。主要表现在规模化程度不高，现代化的企业管理理念薄弱，还有一定数量的"隐性经济"或"地下经济"成分[13]。同时，部分民营经济低效的发展模式，如对土地、环境、劳动力等生产要素的利用方式较为粗放，也造成土地利用效率低下、各类环境污染严重等一系列问题[14]。

与依赖于低水平生产要素大量投入而蓬勃发展的民营经济形成鲜明对比的是，大规模投资型的发展模式在汕头乡村地区的进展并不顺利。以潮南区为例，2003 年以来潮南区沿海三镇预留了沿海一线的"大工业"用地，期望择机发展临港工业和海洋产业，鼓励发展装备制造、生物医药、高新技术等资本密集产业。然而受区域经济发展阶段的制约以及对传统工业化路径的依赖，以装备制造、食品加工、石化工业、生物医药等"大工业"并未如期发展起来[15]（表2-3）。

表2-3 2003年、2010年、2016年潮南区主要行业门类基本情况统计

产业门类	行业门类	工业产值/亿元			汕头市占比/%		
		2003年	2010年	2016年	2003年	2010年	2016年
集体进一步"衰退"的大工业							
食品加工	农副食品加工业	8 000	24 977	44 097	1.79	3.74	3.98
	食品制造业	12 664	29 989	29 271	10.49	7.83	5.86
	饮料制造业	30 981	13 159	5 329	44.01	13.09	5.50
生物医药	化学原料及化学制品制造业	51 466	166 918	440 653	16.16	13.25	24.82
装备制造	橡胶和塑料制品业	68 555	269 536	525 289	70.13	22.05	12.49
	非金属矿物制品业	—	5 853	10 698	—	2.01	3.06
	有色金属冶炼及压延加工业	6 250	21 072	77 139	55.15	13.47	33.80
	金属制品业	9 871	29 325	65 588	17.58	9.30	14.78
	交通运输设备制造业	5 254	6 812	—	4.31	1.52	—
	电气及机械器材制造业	7 119	34 187	62 349	3.51	4.13	5.64
	通信设备、计算机及其他电子设备制造业	81 787	51 288	51 463	28.77	9.83	8.26
蓬勃发展的民营经济							
纺织服装	纺织业	82 666	818 783	1 185 856	23.07	38.08	47.23
	纺织服装及鞋帽制造业	257 259	740 444	2 536 893	52.04	39.88	39.02
	皮毛羽制品业	7 998	51 093	41 722	44.62	28.32	17.97
印刷音像	造纸及纸制品业	—	12 881	3 032	—	1.87	0.39
	印刷业和记录媒介的复制业	26 394	54 932	216 216	8.79	5.27	16.59
文体用品及工艺用品	文教、工美、体育和娱乐用品制造业	20 049	243 499	632 411	10.57	22.10	13.11
	化学纤维制造业	—	6 107	6 434	—	44.88	100.00

2.2.2 社会要素：宗亲社会网络中的柔性经济

从社会供给上看，宗亲文化造就了要素和资源在内部输送的机制。传统的宗族思想还遗留在宗亲文化当中，它联结了汕头人的人脉纽带，使得组织内部产生了较强的凝聚力，形成了汕头经济发展所特有的极强的自组织性。人脉纽带普遍存在于社会之中，许多事务可在人情、宗法、习俗、惯例的范畴内解决，这种非正式部门普遍存在[16]。

汕头乡村地区所拥有的社会要素特征也直接影响到汕头乡村企业的组织模式上。汕头以民营家族企业为主，汕头、潮州、揭阳三市的家族企业数量都占到规模以上企业总数量的50%以上，90%以上的规模以下企业都是家族企业。亿元产值以上企业数量只占规模以上企业数量的9.6%，占全部企业数量的0.17%，50亿元以上企业只有1家。在这种企业组织模式下，一方面，同乡同宗互相扶持，形成一个个以村落为单位的产业集群，具有很强的稳定性和抗风险性；另一方面，汕头家族式的民营企业整体技术层次不高，产品档次低。生产性服务业的发展仍然不足，尤其是研发设计与其他技术服务、租赁和商务服务等高附加值产业的产值偏小，高端服务业亟须培育壮大。

2.2.3 文化要素：潮汕文化为内核的有机整合

从文化供给上看，抱团的宗亲文化造就了以自组织为主的要素资源整合机制，形成了以宗亲文化为纽带的非正规经济发展模式。围绕宗亲文化凝聚而成的"村"在汕头扮演了至关重要的角色⑤，百姓对于这类小集体的归属感要远远强于行政区划的归属感，进而出现了"强组织弱政府"的现象。汕头乡村传统民居的构建模式就是这一文化特征的空间投影。在汕头乡村文化传统中，祠堂是族权得以实现的重要空间，也是族权的精神空间。祠堂不仅是聚落中最宏大和最富丽堂皇的建筑，坐落于聚落的核心位置，而且是聚落空间秩序的统领，控制其他住宅建筑。普通民居（住宅）表现出明显的均质性，无论其高度还是规制是不可能超过宗祠的。在空间上，宗祠是聚落场所的绝对控制。聚落的发展也基本循例"先祠堂，后住宅"的规矩。

依靠传统文化纽带形成的商业信誉成了潮商之间重要的生意纽带，在一定程度上促进了地方生产合作与地区贸易。然而，也正是这种纽带让在地的发展受到了种种制约。在汕头调研的过程中经常听到一种声音，壮大了的潮商企业（尤其是那些上市企业）往往都将总部搬离了汕头。一个地区成长起来了不少大企业，却又留不住这些大企业。地区经济的持续增长依靠的是企业阶跃带动的迭代，而头部企业的流失势必会影响地区经济的升级。不得不说，这一特殊现象是值得我们去思考和分析的。

2.3 既有增长方式的后续乏力

如前所述,汕头乡村地区非正规经济驱动的发展路径,由于其独具特色的灵活机制,在发展初期实现了地区经济的快速增长。然而当外部环境发生变化,地区经济的增长方式从注重量的扩张到注重质的改善,加之传统路径下人口、土地、资本等传统生产要素难以再大规模的廉价供给,汕头传统发展模式的掣肘也日益彰显。

2.3.1 人口要素流通问题:劳动力短缺与乡村空心化现象

在乡村振兴的发展过程中,乡村人口的"留"与"流"是乡村当前发展的最大阻碍。在城镇化过程中,人口流动要素是在加速向经济发展更快地区流动。村民的角色也在发生转变,城乡劳动力双向流动仍然存在很多难以解决的问题。乡村人口单方向的要素流动导致人口老龄化与农村空心化的根本问题遏制了乡村的发展。

首先,汕头本地人口要素流失是一个长期现象。一方面体现了潮汕人外出打拼的传统,另一方面也造成了本地劳动力短缺的现实。在汕头调研的过程中,经常听到"人多地少"这句话。截至2021年末,汕头市总面积为 2 199 km^2,常住人口总数为 553.04 万人,人口密度为 2 515 人/km^2,人均耕地面积约为 66 m^2[⑥],远远低于全国人均耕地面积的 933 m^2,属于人多地少地区。人多地少实际反映了本地资源要素竞争激烈,本地发展机会少自然也会倒逼劳动力向外谋求发展机会。以汕头市潮南区为例,2010年外出半年以上人口为151 346人,比2000年的41 353人增长265.99%,外出半年以上人口占户籍人口的比重也由2000年的3.79%迅速提升到11.43%,增加了7.64个百分点(表2-4)。从这些数据我们不难看出,本地外出人口的增速是不容小觑的。

表2-4 潮南外出人口变化表

类别		户籍人口/人	常住人口/人	外出半年以上人口/人	外出半年以上人口占户籍人口的比重/%
2000年		1 091 540	1 078 309	41 353	3.79
2010年		1 324 185	1 288 165	151 346	11.43
2010年比2000年	+—绝对值	232 645	209 856	109 993	7.64
	+—%	21.31	19.46	265.99	—
2016年		1 443 038	1 337 075	—	—
2016年比2010年	+—绝对值	118 853	48 910	—	—
	+—%	8.98	3.80	—	—

其次,外来务工人员减少也是造成劳动力短缺的重要原因。汕头的服装、纺织、电子、化妆品等主导产业都是劳动力密集型产业。长期以来,外来劳动力对本地经济发展起到了至关重要的作用(表2-5、表2-6)。以汕头市潮南区陈店镇为例,作为中国内衣名镇,全镇拥有企业2 173家,从事文胸内衣行业的共有8万人,其中1/4的常住人口为外来务工人员[7]。然而,近年来随着劳动力价格的逐年攀升,传统产业的利润空间被不断挤压,企业的付薪能力受到限制,进而导致了乡村企业劳动力短缺日益严重。据统计,2017年汕头市百家民营企业的用工缺口达到用工总量的近20%。

基于以上两个原因,人口要素的流失自然也就造成了潮汕乡村的"空心村现象"。乡村"空心化"往往是由经济落后、经济发展停滞所导致的,用脚投票是造成乡村"空心化"的直接诱因。曾有一位视频博主致力于探索潮汕那些不被外界关注、落后的地区,而拍摄视频的初衷是希望通过自己的努力让这些地区被外界所关注,从而帮助当地居民获得资助、改善生活条件。有一个视频拍摄的地方是潮南区红场镇金埔村,虽然村子山清水秀、环境优美,但是村中人口却寥若晨星,村中的主要经济收入以外出务工以及传统种植为主。从该博主采访的内容得知,村中耕地面积有限,没有什么能做的产业才导致该村经济生产动力不足;并且,现有山地实施分权到户,想要发展经济整体承包耕种的可能性不大。因此,大部分村民为了增加经济收入,选择在深圳等地工作与生活。村中仅几户老人、留守儿童及少数为了养蜂的人留了下来,当地学校因为招收不到学生已经停止办学,整个村子既空旷又安静。

表2-5 潮南区外来人口变化表

类别		人口数/人	本县内/人	本省外县/人	省外/人
2000年		28 122	8 945	2 842	16 335
2010年		115 440	22 564	9 546	83 330
2010年比2000年	+—绝对值	87 318	13 619	6 704	66 995
	+—%	310.50	152.25	235.89	410.13

表2-6 2010年潮南区外来人口来源地

属地	人口数量/人
四川省	26 950
江西省	11 136
湖南省	7 379
广西壮族自治区	6 115
河南省	5 480
湖北省	5 413
贵州省	5 164

当然，还需要提及的是由于汕头本地村民对居住环境条件要求的提高，一些年代久远的传统建筑已经不能适应现代生活的需求，因此大量的老宅、古寨等出现"空心化"的现象。由于汕头乡村非常浓厚的祖先崇拜和宗亲文化，即便村民日常生活已经不再围绕老宅、宗祠，但它们仍然被本地居民视为祖宗传下来的无价之宝，没人愿意卖出业权（图2-13）。这似乎也反映了潮汕地区深厚的文化底蕴和复杂的传统羁绊。

图2-13　汕北地区空置民居现状照片

2.3.2　土地要素流通问题：用地资源碎片化与制度性约束

土地问题一直是乡村经济社会生活中的首要问题。它是农村社会最大的经济问题、民生问题，是农民生存权益最集中的体现。费孝通在《乡土中国》中讲道：从理论上说，乡村和都市本是相关的一体。乡村是农产品的生产基地，它所出产的农产品并不能全部自销，剩余下来若堆积在已没有需要的乡下也就失去了其经济价值⑧。2021年，国家统计局发布的《2021年农民工监测调查报告》中显示，我国农民总数约为2.9亿人，其中外出农民工约为1.7亿人，本地农民工约为1.2亿人，年末在城镇居住的进城农民工约为1.3亿人。土地和农产品是一样的道理，土地长期摆荒就丧失了土地的价值，失去了为农民创造效益的价值。宅基地不能流转、用地资源碎片化、现有土地政策的制度约束等限制了土地要素的流通。土地要素流通不通畅的问题制约了城市与乡村关系的发展。

首先，滞后的城市化及村镇规划的整合作用弱化，进一步加剧了土地资源的碎片化利用。汕头市的农村普遍较晚编制村庄建设规划或者即使有村庄规划也缺少刚性约束，造成在早期村庄建设和农民建房时，缺少科学规划的约束和调控，村庄建设和农民建房用地具有很大的随意性，用地分布混乱、住房建设零星散乱⑨。村民为解决居住拥挤问题，绕着老村址外围就近找地新建住宅，大都建在交通便捷的村口、路边[17]，导致用地布局十分细碎，农田、道路及城镇用地均缺乏合理的空间关系，从而形成大量填缝式的村庄空间、城镇空间和农田空间，城乡连片发展，村庄失去边界（图2-14）。

图 2-14　汕南地区典型的半城半乡用地

其次，农村土地制度的约束也是用地碎片化不断加剧的重要原因。我国土地管理制度还是高度集中计划管理模式，当前农村集体建设用地还不能用于上市交易，闲置的农村土地资源还不能流转。虽然广东省、汕头市政府都鼓励探索宅基地所有权、资格权、使用权"三权"分置⑩，探索在保障村民合法居住权的前提下，通过农村土地综合整治⑪、宅基地整理等多种形式推进农民闲置宅基地的盘活和农村建设用地的规模化、集约化利用，但是汕头本地农民一直以来对土地流转的积极性不高。再加上引导力度不足，导致农村建设用地很难达到规模化流通。

2.3.3　资本要素流通问题：乡贤反哺难以取代农业供应链金融

中国传统社会的乡村社会秩序，一直以来就有赖于乡贤精英在构建乡村社会权威和秩序建设中发挥作用。"乡贤"是中国社会在乡村社会治理、德治教化、家风村貌[18]、乡村社会秩序及公共事务的主导，中国这一传统社会的乡村治理模式在潮汕地区被部分继承了下来。一直以来，乡贤资本对汕头发展的贡献巨大，尤其在慈善和公益事业上长期投注了巨大热忱。但汕头现阶段的乡贤反哺模式还较为初级，大都被用于兴建学校、医院、敬老院和修路造桥,以及解决贫困地区生活饮用水等公益事业。潮商的商业投资在家乡面临着乡亲的不理解、政府政策多变等的制约,没有商业利益的吸引,潮商难以形成大量资金"回巢","乡情、乡愁"并未充分转化为地方发展的直接动力。

进一步来讲,汕头农村地区的资本供应模式需要从目前单纯的乡贤反哺模式转向更为现代化的农业供应链金融模式。当前,农民与新型农业经营主体融资难、融资贵的问题仍然没有破题。事实上,农村拥有大量的资产,可是由于资产确权、抵押处置与融资风险防范等改革协同性不强,农村产权确权改革滞后,资源资产抵押功能残缺,农村资产抵押贷款难以落地,农村金融活水迟迟不能被激活。目前,由于大多数地区未开展农村"三权"抵押贷款,农户信用不易评估等原因,农村金融机构一般只存不贷,农村土地、金融要素市场发育不足[19]。

伴随农业功能从生产向生活、生态等领域拓展,城镇劳动力下乡兴业主要集中在农村三产融合领域,然而回流农村的劳动力并不多。从资本要素的角度分析,农村土地、金融要素市场发育滞后,制约了城镇劳动力向农业农村领域流动。农村不仅吸引不了城市资金,甚至本地的资金都被大量地抽取到城市。为防止工商资本下乡引发土地"非农化""非粮化",部分地区通过实施下乡准入制度、规模限制、层层备案管理、强制二次分红等方法,对工商资本下乡设置了过多、过高的门槛。这些措施对于保护国家粮食安全、维护农民利益意义重大,有其合理性,但是一些地方在政策执行中,采取了过于保守或僵化的态度,为避免可能的风险直接采取行政手段限制工商资本下乡,或设置种种门槛,也限制了农业生产的工商成本。为打破这一困境,汕头市可以尝试发展村社内置合作金融等现代金融模式,通过建立农村内部资金互助合作组织,借力集体土地制度改革,使农民土地财产权益经内部流转和抵押等得到"变现",以此缓解农民"融资难"问题。

2.3.4 要素整体问题:人、地与钱方面的系统发展

2007 年,中国共产党第十七次全国代表大会提出要形成城乡经济社会发展一体化新格局,促进城乡规划一体化、产业一体化、基础设施一体化、公共服务一体化、就业市场一体化及社会管理一体化发展。《中国共产党第十七届中央委员会第三次全体会议公报》提出中国总体上已进入以工促农、以城带乡的发展阶段,进入加快改造传统农业、走中国特色农业现代化道路的关键时刻,进入着力破除城乡二元结构、形成城乡经济社会发展一体化新格局的重要时期。城乡发展一体化是大势所趋,坚持推进一体化发展、促进城乡融合发展是解决"三农"问题、推动乡村振兴的根本途径。党的十九大报告指出,农业、农村、农民问题是关系国计民生的根本性问题。在推进乡村振兴的道路上,我国乡村正在经

历从传统生产向现代农业转型的道路。

乡村人口结构、产业结构、基层管理结构等随着城镇化的推进发生翻天覆地的改变，当然也存在一定的阻碍。例如，工业城镇化造成乡村地区人口大量迁移、土地撂荒严重、产业经济衰退、教育医疗水平落后等问题。潮南区农业非农的经济景观、半城半乡的空间景观、"两个潮人"的社会景观，以及弄潮守城的文化景观使得汕头乡村地区的土地开发呈现出高度的自发性，甚至盲目性。汕头市域内的生产要素、社会要素及文化要素惑与不惑的动力增长机制也为未来汕头乡村发展的前景打上了一个问号。汕头乡村发展面临的主要问题是发展要素的破碎化，统筹人、地、钱等要素保障，打破城乡二元体制壁垒，促进人、地、钱在城乡之间自由流动、均衡交换是破解汕头市乡村发展瓶颈的关键。

第2章注释

① 本章节部分观点源自《城乡融合视角下的汕头乡村振兴研究报告》，乔硕庆、闫佳、陈易改写，谢蔚宇校对修改。
② 后改为农村集体企业，再改为乡镇企业。
③ 参见南方+新闻客户端《鮀城述评：镇域兴则汕头兴，镇域强则汕头强》。
④ 本节部分观点源自《空间生产逻辑下半城半乡地区"混沌空间"环境品质的重构——汕头潮南区324国道环境品质提升的规划建构与弹性设计》，原文作者为周雨杭、李晶晶，陈易、乔硕庆修改。
⑤ 参见汕头市城市规划设计研究院《汕头市市域村庄规划编制专题研究》。
⑥ 参见新浪爱问知识人·教育网。
⑦ 参见百度文库《陈店文胸内衣行业情况简介》。
⑧ 参见费孝通：《乡土中国》，作家出版社，2019。
⑨ 参见豆丁网《关于农村建房问题的思考》。
⑩ 参见2018年《中共中央　国务院关于实施乡村振兴战略的意见》。
⑪ 参见《广东省自然资源厅　广东省农业农村厅关于印发贯彻落实省委省政府工作部署实施乡村振兴战略若干用地政策措施（试行）的通知》。

第2章参考文献

[1] 顾媛媛，黄旭. 宗族化乡村社会结构的空间表征：潮汕地区传统聚落空间的解读[J]. 城市规划学刊，2017（3）：103-109.

[2] 林伦伦. "潮人文化"与"潮人"的身份认同[J]. 韩山师范学院学报，2017，38（1）：10-19.

[3] 叶玉瑶，张虹鸥，刘凯，等. 珠江三角洲建设用地扩展与工业化的耦合关系研究[J]. 人文地理，2011，26（4）：79-84.

[4] 梁志鹏. 东莞市虎门镇社会经济发展研究[D]. 武汉：华中科技大学，2006.

[5] 杨小苏. 中国农业劳动力转移研究的理论依据[J]. 农村经济与社会，1990（2）：54-62，43.

[6] 马学广，李贵才. 经济圈战略下的区域跨界整合研究：以珠西地区为例[J]. 地理与地理信息科学，2012，28（6）：62-67，80.

[7] 韦娅. 倡导性规划在珠三角地区的探索与实践［D］. 广州：华南理工大学，2010.

[8] 宋劲松，宋云."OR模型"及其对珠三角未来空间生长形态的模拟［C］//中国城市规划学会. 生态文明视角下的城乡规划：2008中国城市规划年会论文集. 大连：大连出版社，2008：308-321.

[9] 张在元. 混沌空间：21世纪中国建筑哲学基点［J］. 建筑学报，2002（1）：60-63.

[10] 张在元."国际化"与"逆国际化"的混沌空间［J］. 城市建筑，2004（1）：15-17.

[11] 吴丽莉. 因地制宜 统筹规划走可持续发展的城市化道路：关于汕头城市化问题的探讨［J］. 珠江经济，2006（10）：78-84.

[12] 佚名."无孔不入"的潮汕商人［J］. 潮商，2014（4）：65-68.

[13] 卢博. 汕头特区经济发展环境与产业结构调整［C］//深圳大学中国经济特区研究中心. 2004年中国经济特区论坛：科学发展观与中国的发展学术研讨会论文集. 深圳：深圳大学中国经济特区研究中心，2004：197-201.

[14] 阳立军. 上海市居住郊区化研究［D］. 上海：华东师范大学，2005.

[15] 杨梅，盛鸣. 基于产业集聚的汕头创新发展规划对策研究［C］//中国城市规划学会. 多元与包容：2012中国城市规划年会论文集. 昆明：云南科技出版社，2012：1490-1498.

[16] 樊华. Desakota地区城乡空间统筹发展路径研究：以汕头"潮阳—潮南"地区为例［C］//中国城市规划学会. 城市时代 协同规划：2013中国城市规划年会论文集. 青岛：青岛出版社，2013：246-254.

[17] 韩非，蔡建明. 我国半城市化地区乡村聚落的形态演变与重建［J］. 地理研究，2011，30（7）：1271-1284.

[18] 黄耀明. 乡贤反哺凝聚乡村振兴战略人才力量［J］. 终身教育，2018（4）：23-24.

[19] 孔祥智，周振. 我国农村要素市场化配置改革历程、基本经验与深化路径［J］. 改革，2020（7）：27-38.

第2章图表来源

图2-1源自：《江浙地区民营经济发展特点》.

图2-2至图2-7源自：南京大学《汕头市城市总体规划（2012—2030年）》现状调研报告.

图2-8源自：李晶晶绘制.

图2-9源自：《城乡融合视角下的汕头乡村振兴研究报告》［底图源自标准地图服务系统网站，审图号为GS（2016）1664号］.

图2-10至图2-13源自：《城乡融合视角下的汕头乡村振兴研究报告》.

图2-14源自：南京大学城市规划设计研究院北京分院潮南项目组拍摄.

表2-1源自：《城乡融合视角下的汕头乡村振兴研究报告》.

表2-2源自：南京大学城市规划设计研究院北京分院《"家园潮南"规划践行系列纪实之三：产业篇：特色文化背景下的潮南区产业升级路径思考——以汕头潮南区巧借社会组织助力传统产业升级为例》.

表2-3源自：《城乡融合视角下的汕头乡村振兴研究报告》.

表2-4源自：笔者根据《广东省汕头市潮南区第六次人口普查》《汕头统计年鉴：2017》整理绘制.

表2-5、表2-6源自：《广东省汕头市潮南区第六次人口普查》.

3　辨析：聚焦在乡村振兴发展机制的结构创新[①]

3.1　从三个基本原则剖析发展机制的结构问题

振兴的含义是大力发展，兴旺强盛；而复兴的含义则是春回大地，再创辉煌。在我的理解中，振兴是由弱至强的变化，而复兴则是由强至弱再至强的过程。那么，我们如何界定弱，如何界定强，又如何辨析它们的变化过程呢？

我的故乡在江苏，海外游学后来到北京工作，不同地域的乡村给我留下了迥异的印象。前文也曾提到，乡村也许在大多数人的刻板印象里是"穷"的代名词。而这个"穷"不仅仅是物质"穷"，还包括了环境"穷"、思想"穷"等。可是，乡村在我的印象中却是另外一种场景。连云港或江苏省内很多地方的乡村是围绕国道发展起来的。在我的记忆中，故乡的乡村生活是惬惚的。乡村生活总是伴随着车来车往、人声鼎沸：国道两侧的饭店、商铺每天都是生意兴隆，街坊邻居聊的话题也都是谁家又建了个厂子，谁家买车了。更有一些村民，打趣地将他们所生活的地方称之为"小香港"。事实上，在我国改革开放后，江苏乃至全国范围内曾出现过很多"小香港""小上海"。然而随着国家道路体系的不断完善，特别是高速公路和高速铁路的网络化建设，各个乡镇的交通条件都有了很大变化。这些曾经因国道而兴的乡村也逐步衰落，真可谓成也"国道"，败也"国道"。也正是这个由强到弱的转变促使了这些乡村开始寻找新的发展路径，如今的江苏乡村也的确是另一番发展景象。可见，强和弱在乡村振兴的定义中是一个相对的概念，本身没有一个很严格的标准，或者说这个标准是动态的、阶段性的。更何况，振兴或者复兴是一个不断变化的过程。在这个变化的过程中，乡村振兴发展机制是我们需要关注的重点，而发展机制的重点则是机制的结构。

在第1章中，我们就提出了乡村振兴需要坚持的三个基本原则，即根植性、整体性和系统性（图3-1）。这三个基本原则归根结底是乡村振兴的空间治理逻辑。坚持根植性，就是要尊重乡村演进过程的基本脉络，尊重我们国家、我们民族已经传承千年的乡土秩序；坚持整体性，就是要推动乡村发展过程的城乡融合，意识到解决乡村问题需要回到区域中，

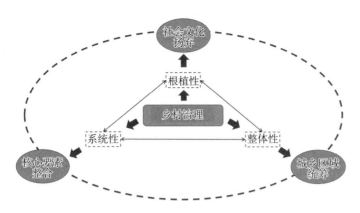

图 3-1 发展机制结构

需要借力城乡区域的力量；坚持系统性，就是要做到乡村振兴过程中各类要素的耦合，其中包括产业、文化、生态、人才、组织五个方面，乡村发展机制的结构创新最终也会聚焦于系统性的这五个方面。产业方面机制创新的前提是把握国际环境变化以及新一轮科技革命和产业变革的需要，加大力度投入基础研究工作，聚焦产业发展瓶颈与需要；文化方面的机制创新对革除陋习、移风易俗具有良好的推动作用；生态方面的机制创新对进一步解决生态环境问题、完善治理体系、提高生态治理水平有很好的推动作用；人才方面的机制创新是乡村振兴的重要推动力，人才是创新的根基，人才的获得是乡村振兴的关键；组织方面的机制创新是应对乡村外部环境与内部环境不断变化的调整与变革，建立健全管理机制与运行机制推动乡村振兴。

总之，乡村振兴发展机制的结构问题其实也就是根植性、整体性和系统性三个重要方面。用单一路径去解决乡村振兴这一庞大命题是难以想象的，也是不科学的。相信仍有很多和我家乡一样的乡村曾经一度因为没有抓住发展机遇、市场政策，使得产业结构老化、本地人才流失进而导致最终衰落。要解决这些问题，需要从发展机制的结构入手，抽丝剥茧、全面研究。回到汕头乡村地区的具体情况，要突破长期依赖于非正规经济发展模式的发展瓶颈，就必须透过现象看本质，找到制约汕头乡村地区实现第二次跨越式发展背后的关键问题。

3.2 发展机制的结构创新：抓住问题的牛鼻子

3.2.1 社会文化纽带：对传统机制的扬弃

对待中国传统文化，一直以来有很多不一样的观点、不一样的态度。受外来文化的影响，有人认为传统文化太过"腐朽、陈旧"，应该摒弃；有人认为传统文化包含的智慧，应该得到继承和发扬。例如，民族虚无主义者，他们否定历史文化，否定民族文化、民族精神、民族传统，认为当今社会的发展应该和历史割裂；复古主义者与虚无主义者刚好相反，他们会片面地拔高传统文化，用历史文化去衡量一切标准。另外一种是结合以上两种观点，用辩证的角度去思考，主张去其糟粕，取其精华。我记得看《觉醒年代》的时候，刚开始认为辜鸿铭是个顽固的保守派，留着小辫子，后面跟着两个仆人端茶倒水，对于新文化不屑一顾。但是当他说中国人"温良"的时候，当他同陈独秀、李大钊共同对抗克德莱借英国施压北京大学的时候，才明白他正是因为精通九国语言、西洋科学，才会对自己的文化如此自信。同样的，汪晖、秋风、祝东力认为面对"中国道路"，复古才能开新，价值与秩序问题必生长于文化的土壤，而社会整合可以经由文化认同到"政治认同"来解决[2]。不可否认，理性辩证地看待传统文化是必要的，既需要对激进派和保守派加以扬弃，也需要基于现代需要对传统进行创造性转换[1]。

2018 年，《中共中央　国务院关于实施乡村振兴战略的意见》（中央一号文件）提出，繁荣兴盛农村文化，焕发乡风文明新气象，不断提高乡村社会文明程度。乡村文化是一个地区的缩影，甚至是中国文化的一个缩影，文化振兴是实现乡村振兴的思想保障。相较于城市文化因来自各地新移民影响而导致的城市社会结构改变，乡村社会文化仍较为完整地保持着原来的风貌、风俗和风物，具有血缘、家族和地域特征——简单、纯粹而朴素。如果把城市比作一个天南海北移民的大熔炉，那么乡村则执拗地坚守着原来的样子。中国的乡村承载、记录了太多东西，它不仅见证了文化与历史的变迁，而且见证了经济与社会的发展。可以说，中华文化的传承与发扬很大一部分来源于乡村地区文化的传承与保护。但是，随着城镇化步伐的加快以及内在与外在因素的影响，乡村文化的传承与发展也面临不小的挑战。我们知道，农村人口是乡村构成的主要主体之一。然而，随着农村劳动力转移，留在乡村的人口主要为老人、妇女和儿童，部分文化的传承与保护主体正在流失。农村劳动力转移影响血缘关系的另一方面是"外来文化"的"入侵"。外出务工、居住的土生土长的人在意识形态、行为准则、道德文化等方面发生明显改变，现代城市文化与"外来文化"模糊了乡村传统文化的传承路径，从而忽略了对传统文化资源的保护。

费孝通先生于 1997 年在北京大学社会学人类学研究所开办的第二届社会文化人类学高级研讨班上首次提出"文化自觉"这一概念，文化自觉是文化的自我觉醒、自我反省、自我创建。第一，文化自觉建立在对"根"的找寻与继承上；第二，文化自觉建立在对"真"的批判与发展上；第三，文化自觉建立在对发展趋向的规律把握与持续指引上[3]。正确认识乡村文化有什么、乡村振兴中的乡村文化有什么作用、如何嫁接传统文化与现代价值，以"扬弃"态度发扬与继承传统文化、以城乡文化融合促进城乡互动、以城乡互动促进城乡文化融合是我们需要思考的[4]。

3.2.2 城乡融合理念：对区域机制的统筹

在社会文化纽带一节中提到以"扬弃"的态度促进城乡文化融合、城乡互动，而推进城乡融合不光要有态度还要有行动。在汕头市推进新型城镇化和乡村振兴的过程中，对区域资源的统筹程度还远远不够，阻碍了汕头地区城乡融合的进程，经济要素和资源主要向城镇倾斜，城乡融合进程成为阻碍汕头市现代化建设的壁垒。国家发展和改革委员会发展战略和规划司司长陈亚军认为城乡融合发展是破解新时代社会主要矛盾的关键抓手，是国家现代化的重要标志，是拓展发展空间的一个强劲动力，以及建立城乡融合发展体制机制和政策体系是实现乡村振兴和农业农村现代化的重要制度保障⑤。而促进城乡融合，破解城乡之间人民群众对美好生活需求的不平衡是必要的。

乡村与城市之间发展不充分，人民群众对美好生活需求的不平衡是社会矛盾的源头。地域差异注定了城市与乡村人民的向往不同。当城市人民群众向往精神追求的时候，乡村人民群众还在向往着物质追求。习近平总书记在党的十九大报告中指出，"中国特色社会主义进入新时代，我国社会主要矛盾已经转化为人民日益增长的美好生活需要和不平衡不充分的发展之间的矛盾"。社会矛盾是彰显社会稳定的一面镜子，反映了社会产业、文化、人才、生态、组织的发展关系，正确认识社会矛盾，解决社会矛盾，从而推进社会发展进步。实现乡村振兴，需要更好地满足乡村人民在经济、政治、文化、社会、生态等方面日益增长的需要，更好地统筹推动经济、政治、文化、社会、生态等全面发展。

在同步发展工业化、城镇化、信息化、农业现代化的过程中，工业化是现代经济的基石；城镇化发挥着融合作用，可以缩小城乡之间的差异，促进城乡融合；信息化充分利用信息技术，提高经济增长质量；农业现代化是国家现代化的基础和支撑。在处理"四化"同步建设过程中，有五个重要特征：一是我国现代化是人口规模巨大的现代化，全球共计21.5%的人口迈入现代化；二是我国现代化是全体人民共同富裕的现代化，全体人民通过辛勤劳动、互帮互助实现丰衣足食的生活水平，共同富裕是社会主义的本质要求；三是我国现代化是物质文明和精神文明相协调的现代化，只有物质文明建设和精神文明建设都搞好，中国特色社会主义事业才能顺利向前推进；四是我国现代化是人与自然和谐共生的现代化，习近平总书记指出，"我们要建设的现代化是人与自然和谐共生的现代化，既要创造更多物质财富和精神财富以满足人民日益增长的美好生活需要，也要提供更多优质生态产品以满足人民日益增长的优美生态环境需要"；五是我国现代化是走和平发展道路的现代化，坚持和平、发展、合作，与各国坚持致力于建设和平、稳定、繁荣的世界关系，共同构建人类命运共同体⑥。

目前城市发展空间不足制约城市的发展，尤其是像汕头这种地少人多的情况。而乡村发展可以给市场注入新的活力，乡村发展的活力表现在诸多方面：村与村之间的发展打破空间界限，整合资源；村与城之间的发展促进乡村资源与全国乃至世界市场对接，扩大市场范围。不同级别的市场合作能够释放出更多的发展要素，带动经济社会可持续发展。城乡开放是城乡融合发展的基础和前提。长期以来，受传统二元体制的束缚，我国城乡要素流动是单向的，即农村人口、资金和人才等要素不断向城市集聚[2]，而城市人口被禁止向农村迁移；城市公共资源向农村延伸、城市人才和资本向农村流动也处于较低水平[3]。近年来，随着各地城乡统筹力度的加大，城市公共资源和公共服务向农村延伸的步伐明显加快，城市人才、资本和技术下乡也取得了较大进展，城乡要素正从单向流动转向双向互动。在新形势下，汕头的乡村振兴必须按照平等、开放、融合、共享的原则，积极引导人口、资本、技术等生产要素在城乡之间合理流动，促进城市公共资源和公共服务向农村延伸，实现城乡要素双向融合互动和资源优化配置[4]。

3.2.3 系统性的问题：对核心要素的整合

乡村发展受到内外部因素的影响，除了要激活乡村内生活力，还要与外部环境相链接。我们知道，当前乡村发展落后除了乡村活力不足这个客观存在的事实外，另外一个原因是全球化、城市化、信息化及市场化的影响造成城乡之间的差异化发展。明确乡村发展要素水平、耦合状态、作用机理，是探明乡村发展内在规律和划分乡村发展类型的重要前提[5]。《乡村振兴战略规划（2018—2022年）》指出，顺应村庄发展规律和演变趋势，根据不同村庄的发展现状、区位条件、资源禀赋等，按照集聚提升、融入城镇、特色保护、搬迁撤并的思路，分类推进乡村振兴，不搞一刀切。将村庄分为集聚提升类、城郊融合类、特色保护类以及搬迁撤并类四类。因此，明确乡村发展要素，整合要素资源，确定乡村地区生态、人口、文化、产业和治理的系统耦合关系，能有效帮助乡村分类规划，实现乡村振兴。

汕头市市辖包含6个区、1个县，共有37个街道、32个镇，包括558个村民委员会及528个社区居民委员会。其中金平区共辖12个街道、170个社区居民委员会；龙湖区包括33个村民委员会、88个社区居民委员会；澄海区包括137个村民委员会、47个社区居民委员会；濠江区含有60个社区居民委员会；潮阳区共辖180个村民委员会和93个社区居民委员会；潮南区包含167个村民委员会以及65个社区居民委员会；南澳县共辖41个村民委员会和5个社区居民委员会。不同乡村受历史发展影响，内外要素整合的程度不一。内部发展要素是驱动乡村振兴发展的核心动力，乡村内部的人口、文化、生态、产业和治理等方面表现出来的结果反映了乡村自然发展的本地特征及内生动力的大小。外部发展要素是乡村转型的重要动力，主要体现在乡村发展的宏观环境、社会经济发展、市场政策等方面，从外部刺激乡村内生发展动力[5]。

3.3 用社会文化纽带优化要素资源，彰显汕头乡村振兴特色

据统计，我国海外侨胞总数已经超过6 000万人，分布在世界近200个国家和地区⑦。其中印度尼西亚、泰国、马来西亚、美国、新加坡、加拿大的华人华侨数量排在前列，东南亚国家的华人华侨大部分来源于我国福建、海南、广东等省份，他们都各有所长、各领风骚，如泰国华人谢国民，新加坡华人李西廷，印度尼西亚华人黄惠忠、黄惠祥、陈江和等。众多海外华人华侨虽然身在他乡，但是他们依然心系祖国。在这些海外华人华侨中，潮汕籍的同胞占了非常大的比重。潮人潮商为国家繁荣、助力汕头社会经济发展贡献了举足轻重的力量。

清代华侨实业家陈慈黉，祖籍汕头澄海，12岁随父亲到我国香港地区从商，28岁到泰国创立陈黉利行和火砻，专营进出口贸易事业，并在亚洲各个地区设立分支机构，家族产业不断壮大。1903年陈慈黉返回故乡颐养天年，他是老一辈潮籍华侨在家乡兴办社会公益事业的先驱之一。他热心公益事业、兴办学校、造桥修路，其中他建造的成德学校是粤东地区最早的侨办学校，可见陈慈黉为家乡发展做出了巨大的贡献[6]。

泰国华人谢国民，祖籍汕头澄海，1920年其父为了生计不得不加入下南洋队伍移民泰国，创办了正大庄菜籽行。谢国民的父亲为自己的四个儿子取名谢正民、谢大民、谢中民以及谢国民，连起来就是"正大中国"。截至目前，谢国民所经营的正大集团在国内的投资超千亿元，涉及饲料生产、生猪养殖、正大广场、电商、生鲜、超市、制药、机电、文化等不同领域。谢国民本人曾两次受邀登上天安门城楼，2018年他入选为"世界最具影响力十大华商人物"。

腾讯科技（深圳）有限公司（简称"腾讯"）董事会主席兼首席执行官马化腾，祖籍汕头潮南。2016年，腾讯与汕头市政府签署共同推进"互联网＋"战略合作框架协议，双方将发挥各自资源优势，在产业创新、民生应用、公共服务、文化旅游、创新创业、产业服务六大领域开展深度合作，推动移动支付、云计算、大数据等互联网技术在汕头市经济社会各领域的全面应用，联手打造最美智慧城市[7]。2017年马化腾向潮南区成田镇公益慈善会捐赠1 300万元，并设立扶贫专项基金，用于救济生活困难、急需帮助的乡亲。2018年，腾讯入驻位于汕头市濠江区南山湾的粤东数据中心，助力打造未来粤东智慧城市的"心脏"。

潮人潮商是一个拥有独特文化基因的现象，他们为不同时期汕头的发展都起到了重要的推动作用。海内外潮汕籍华人华侨商界巨子辈出，社会精英云集，侨资侨力丰富。汕头要巧借"外脑"，通过海外潮汕籍侨胞引进先进的科学技术、管理理念和国际视野，发挥"外溢效应"。同时，加强与海内外潮商的联络，做好新时代"侨"文章，促进潮商大联合、大团结，推动汕头民营企业良好发展，提供优质合作项目、合作平台，为更好地推动汕头经济发展提供帮助。

3.3.1 鼓励社会参与，用乡情吸引更多潮人反哺家乡

2021年2月25日，习近平总书记在全国脱贫攻坚总结表彰大会上庄严宣告，经过全党全国各族人民共同努力，在迎来中国共产党成立一百周年的重要时刻，我国脱贫攻坚战取得了全面胜利。脱贫攻坚取得全面胜利之后，继续推进乡村全面振兴；而乡村振兴不仅是农民、政府部门的事情，而且需要全社会的共同努力。2022年，《民政部 国家乡村振兴局关于动员引导社会组织参与乡村振兴工作的通知》（民发〔2022〕11号）（简称"《通知》"）发布，指出参与乡村振兴既是社会组织的重要责任，又是社会组织服务国家、服务社会、服务群众、服务行业的重要体现，更是社会组织实干成长、实现高质量发展的重要途径和广阔舞台。

在经济发展方面，社会组织是经济管理的重要力量。2016年，中共中央党校、中央财经大学、北京师范大学，以及中共重庆市委党校的9位学者组成"中国社会组织经济规模（N-GDP）测算研究"课题组，测算社会组织对经济贡献的占比。马庆钰认为，社会组织正在成为经济与社会建设的主力军，可以期待社会组织在供给侧社会多元主体中扮演新的重要角色[8]。在公共文化方面，社会组织的专业性和多元化可以提升乡村文化的品质，满足群众更高层次的需求，丰富乡村文化。在生态方面，郑琦认为社会组织参与环境保护有不可替代的独特作用。第一，组织社会力量参与环境保护，让居民融入自己的环境中；第二，社会组织可以紧贴群众开展一些保护生态环境的宣教；第三，社会组织在生态文明建设中可以保持中立，推动环境监督；第四，当群众遇到危害时可以代表相关群体开展维权援助；第五，社会组织作为民间大使，参与环境外交，参与非政府组织会议论坛研究生态建设方法⑧。在乡村治理方面，李春生认为农村多元化社会组织能否在乡村治理当中的乡村经济、社会事务中发挥调解、沟通、协调作用非常重要⑨。

《通知》还提出大力培育发展服务乡村振兴的社会组织，在民政部门支持下发挥社会组织在产业振兴、科技助农、文化体育、环保生态、卫生健康、社会治理、民生保障方面的积极作用。通过社会多元参与方式，如对口帮扶、技术支援、回乡投资、先进理念输入等，帮助汕头农村经

济和社会发展；吸引海内外潮商回乡投资；抓住新阶段的发展机遇，敢于创新发展，并以金融业为核心带动汕头乡村产业的升级转换。目前汕头金融业基础薄弱，人才不足，需借助海外潮人的资本。而海外潮商在全球金融行业已经打拼了近半个世纪，有深厚的商业资源和人脉基础。可通过出台推动金融业发展的产业政策，鼓励潮商回乡创业，打造良好的经商平台。同时由于汕头腹地狭小，必然要采取外向型、国际化的发展道路，因此需要充分利用潮商在东南亚等海外地区百年积累的政商人脉，以潮商为桥梁中介，将海内外市场紧密连接在一起。进一步借鉴学习海外潮商的现代经商理念和加强与海外潮商的信息沟通，促进汕头乡村地区发展。通过建立与相关领域潮汕籍企业家常态化互动联系的沟通渠道，以政府、民间团体等为纽带，加强与海外潮商的沟通交流，学习最新的生产技术、设计理念等，促进传统家族式民营经济逐步向现代企业制度转变。

3.3.2 强化文化纽带，用乡愁吸引更多潮人参与本地建设

发扬潮汕文化中重亲情乡情、重回报家乡、重礼崇文的特点，通过乡愁载体的建设，如举办丰富多彩且具有文化传承效果的节事活动，如赛龙舟、舞灯、唱族戏等，利用祭祖、举办文化论坛及科研互访等机会，加强与海内外潮人的文化交流；建设商会联盟；修缮传统村落等，吸引更多海内外潮人参与汕头乡村建设。要保护并营造好能勾起潮人乡思、乡愁、乡恋的自然环境和人文环境，唤起广大潮人的历史感与归属感，用文化纽带拴住潮人归家的心，吸引潮人回乡参与建设。

1）通过商会等社会组织激发潮商反哺激情

目前，潮南区已成立潮南区公益基金会，并从2011年至今，吸引了众多潮商对家乡进行反哺。如今潮南区中有众多的道路、学校、医院等基础设施均由在外的潮商和乡贤捐资而建。近年来，在一些产业项目上，也出现了潮商投资的苗头。2013年，潮南区正式设立了潮南区发展咨询委员会，有众多在海内外享有盛誉的潮南籍杰出人士加入成为委员。每逢清明时节，借着他们回乡祭祖的契机，都会召集委员们共聚一堂，为家乡的发展献计献策，他们也会慷慨贡献自己的智慧与力量。

2）利用权威机构助力潮南特色产业确立龙头地位

可借助位于潮南区的中国纺织品商业协会家居服专业委员会在纺织服装，尤其是家居服行业的发展基础上，重点投入资源，通过制定行业标准、抢先无水印染等技术攻关，把握住行业话语权，确立潮南区在家居服行业的主导地位。借助组织的人才、机构、技术等行业资源和影响力，与科研院校建立战略合作关系，推动企业与高等院校、科研机构共建院士工作站、博士工作站等，帮助企业在技术改造、产

品研发和设计等关键方面实现突破。大力培育潮南区的几个家居服品牌，并利用其影响力，做好品牌宣传和知识产权等后续服务。同时，在关键的产品设计上，可通过汕头平面设计俱乐部等民间的设计人才机构，去吸引一些大牌设计师，或通过其与相关院校建立联系，定期定向在潮南区举行设计师训练营、家居服设计大赛等活动赛事，增强区域影响力和品牌识别性。

3）依托行业组织打造产业联盟，促进区域产业联动

还以纺织服装产业为例，目前，潮汕地区已有多个纺织服装特色重镇，如潮阳针织内衣、普宁衬衫T恤、潮州婚纱晚礼服等，产业间同源且联系紧密。潮南区可依托潮汕、广东的商会及行业协会，与普宁、潮阳等地携手，通过差异化策略，在基建、资讯、技术、融资、政策等方面，借助协会力量，实现资源共享与合作，共建纺织服装产业联盟与集群。

4）利用民间组织的资源调动能力大力挖掘本地的文化资源价值

如上文提到的"长老会"，除了在维权、基础设施兴建等方面可以在官民之间发挥桥梁作用外，还可以在文化传承、资源价值挖掘等方面起到关键助力。在潮南区，有诸多如嵌瓷技艺、英歌舞、潮乐等国家级或省级的非物质文化遗产，目前，由于收益等原因，这些宝贵的非物质文化遗产面临失传的窘境。在地区寻求整体转型升级之际，正好利用"长老会"这些民间组织在村镇中的威信，定时定点协助政府来组织潮乐班、英歌舞队、锣鼓队、嵌瓷班、潮绣班等专业技能培训，如在寒暑假通过设置内容不同、深度不一、快乐有趣的学习内容，组织大中小学生进行传统文化的培训；在平日，可组织妇女、老人等农村剩余劳动力进行潮绣、嵌瓷等活动量相对较小的技能培训；在法定假日，可吸引年轻人，通过各式活动和项目来体验传统文化的魅力等。同时，利用广东省潮汕民俗文化交流协会、汕头市潮汕旅游协会等协会组织，通过定期举行大中小型的各式活动和赛事等，也可大大促进文化的挖掘和交流，将地方的特色文化以在地、在线、在产的消费途径，由资源变现，增加老百姓收入的同时，也可增强地区的文化影响力。

3.4 用城乡融合理念加快要素流通，实现乡村的供给侧结构性改革

城乡融合理念是减少城乡发展差距，促进社会经济和社会生活协调发展，最终实现城市与乡村互促共生；城乡融合归根结底是促使乡村地区产业、文化、人才、生态以及治理方面的现代化，最终使城乡空间能够共同高质量发展。在实现乡村振兴的道路上，推进城乡融合需要有新思路、新机制和新举措，促进城乡要素流通自然是关键（图3-2）。

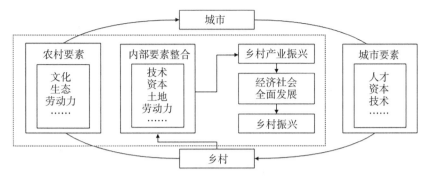

图 3-2 新型城乡关系下乡村振兴的内在逻辑

城乡关系转变的根本原因在于要素流通影响了城乡要素自然增长的速度，在以往的城乡关系中，农村要素流出多流入少，城市要素流出少流入多，城乡要素之间无法形成双向对流，其产生的叠加效应扩大了城乡经济发展能力间的差距，进而导致农村处于被动流出的一方[9]。相比城市，农村土地要素有其独特的价值与属性，是推动要素自发流入乡村地区的动力。农地改革对农地利益分配格局进行了重新调整，本质上是对乡村资源要素的激活，包括乡村土地、产业和资本要素，以驱动乡村的经济发展，实现乡村供给侧结构性改革。

3.4.1 农地改革，打通城乡要素流通渠道，解决城乡要素不平衡问题

自 2014 年以来，国家一系列政策文件的出台加快了农村集体土地入市的节奏。2014 年 11 月，中共中央办公厅、国务院办公厅印发了《关于引导农村土地经营权有序流转发展农业适度规模经营的意见》，提出"三权"分置概念（归集体的土地所有权、归农户的承包权、归实际经营者的经营权）。2014 年 12 月，中共中央总书记、国家主席、中央军委主席、中央全面深化改革领导小组组长习近平主持召开中央全面深化改革领导小组第七次会议，会议审议了《关于农村土地征收、集体经营性建设用地入市、宅基地制度改革试点工作的意见》，指出坚持土地公有制性质不改变、耕地红线不突破、农民利益不受损三条底线，在试点基础上有序推进。2015 年 1 月，《国务院办公厅关于引导农村产权流转交易市场健康发展的意见》发布，明确将土地经营权分离出来。2015 年 1 月，中共中央办公厅和国务院办公厅联合印发了《关于农村土地征收、集体经营性建设用地入市、宅基地制度改革试点工作的意见》，这标志着我国农村土地制度改革进入试点阶段。2017 年 8 月，国土资源部、住房和城乡建设部联合发布了《利用集体建设用地建设租赁住房试点方案》。一系列的政策明确了"村镇集体经济组织可以自行开发运营，也可以通过联营、入股等方式建设运营集体租赁住房"的改革方向⑩，农村集体土地与城市建设用地同价同权的改革步伐不断加快。

汕头作为经济特区，更应当大胆探索"三权"分置的实际落地，落实宅基地集体所有权，保障宅基地农户资格权，适度放活宅基地使用权[10]，探索宅基地"三权"分置的具体实现形式，在保障村民合法居住权的前提下，通过农村土地综合整治、宅基地整理等多种形式⑪，打通城乡要素流通渠道，促进乡村地区经济发展。当然，在探索过程中还需要考虑一些现实问题，如土地碎片化、土地综合整治和统筹利用等。由于汕头农村地区经济发展超常而城市化严重滞后，大量小规模的工业小区和独立的工业厂房遍地开花[11]，导致汕头乡村地区土地利用高度混杂，破碎化严重。这些问题在打通土地要素流通过程中都是需要谨慎面对的。

此外，农村土地要素市场化配置改革既要打破城乡制度藩篱，还要能实现跨区域的配置。受城乡二元经济社会结构与区域行政分割的影响，现阶段的农村劳动力、资本已基本能实现跨区域流动，但是集体建设用地的跨区域配置还存在制度障碍。2019年《中共中央　国务院关于坚持农业农村优先发展做好"三农"工作的若干意见》（中央一号文件）提出"开展新增耕地指标和城乡建设用地增减挂钩节余指标跨省域调剂使用"。但是，目前城乡建设用地增减挂钩跨省域流转仅限于深度贫困地区与对口帮扶省份之间，集体建设用地全国范围流动配置的通道并没有完全打开[12]。

3.4.2　农业创新，同步城乡供需升级环节，解决城乡要素不充分问题

由于城乡二元结构的影响，乡村资源要素单向流动，财产性收入差距拉大了城市与乡村之间的差距，而造成乡村资源单向流动的原因有很多。首先是传统农业生产效率低下，收入过低的问题。其次，传统销售模式售卖方式单一，导致农作物产品无法销售"出圈"。最后，农业功能过于简单，无法拓宽市场，缺乏产业化组织的支撑，无法在市场中形成强有力的竞争力，如上文提到的潮南区红场镇金埔村。金埔村的主要经济来源以种植为主，是纯农山区村，主要有杨梅、青梅等作物。因为山地实施分权到户，统一农地耕种的可能性不大，耕地面积受限，无法形成有竞争力的产业，售卖方式依赖零售市场，价格低廉，缺乏市场竞争力。

农业创新的根本目的是增加农业产量、提升农产品质量、降低种植生产成本、提高农民收益、提高农产品生产效率、改善农民生活水平。近年来，我国农业现代化发展呈现加速态势，不断形成现代农业生产体系、现代农业产业体系、现代农业经营体系三个重点[13]。解决城乡要素不充分问题需要在农业生产体系、农业产业体系以及农业经营体系方面进行创新，以达到城乡供需市场同步的目的。

1) 农业生产体系的创新重在解决农业生产动力与效率低下的问题

提高农业发展动力与生产效率最重要的有两个方面：一方面，调整农业结构，以确保地区土地状况适应现在以及未来的生产规模，避免出现土地重复建设及用地效率低下的问题；另一方面，单一传统的生产方式已经无法提高土地生产效率，在保证绿色发展的基础上，需要提高农业科技水平，引入先进的农业技术及农业知识，保证农业产物增产增收。另外，制定符合标准化的农产品质量安全规定，保障产品质量，增加农产品外销渠道。注重农业资源的节约利用，注重农业生产造成的污染，进一步提高农业投入的利用效率，绿色发展，提高农业生态效益。

2) 农业产业体系的创新重在强调要素资源配置与要素流通的问题

城乡二元结构导致要素单方面流通的问题拉大了城乡之间的差距。优化农业资源要素配置、提高农产品供给效率是解决单要素流动的方法之一。供给问题首先需要考虑的是供应方面的问题，要牢牢把握住安全主动权，才能掌握经济发展社会大局。然而，农民收入来源结构单一，主要以第一产业收入为主也决定了农民收入低的事实。不断完善对农业扶持的政策，确保农民进行农业生产活动的积极性与稳定性才是关键。其次从财政、金融、税收等方面给农民提供便利，减少农民生产和生活压力，提高从事生产活动的积极性，促进农产品加工集约化生产。再次规模化、集约化提高农畜产品的质量，坚持质量兴农兴牧，吸引市场投资眼光，保证要素流通。最后建立健全农业体系，实现农业全面健康发展。

3) 农业经营体系的创新重在解决谁来经营农业生产的问题

提高农民农业生产收入的方式是推进大规模农业生产工作，推广大机器使用。例如，欧美国家的大型农场实现了农业机械化和生产规模化，进而提高了土地利用效率。但由于人口流失、土地撂荒严重，留守村庄的居民大部分是老弱病残孕等丧失劳动能力的人群，经营农业发展心有余而力不足，需要培育新的农业经营主体，尽快实现农业经营的集约化、社会化、产业化和规模化。例如，农业消费新模式、休闲农业新模式、光伏农业新模式、农产品营销新媒体、设施农业经营新模式、田园综合体农业变现新模式、共享农业资源重组新模式、农业＋新零售新渠道模式等，推动农业产品经营，创收创益。

《中共中央　国务院关于加快推进农业科技创新持续增强农产品供给保障能力的若干意见》指出，实现农业持续稳定发展、长期确保农产品有效供给，根本出路在科技。农业科技创新是突破资源环境约束的必然选择。汕头是一个带有大片农村的经济特区，农村人口占比高，虽农业发展相对滞后，农业规模小而分散，但乡村制造业发达。充分利用汕头乡村地区制造业发达的先发优势，创新农业科技，推动汕头农业与第二产业、第三产业融合，充分利用汕头乡村地区制造业发达的先发优势，同步城乡发展。建设专业市场，打通城乡市场；建设产业集群，针对农产品仓储物流难等问题，重点补缺智慧物流等相关产业服务环节；不断拓展农业功能，将农业生产与文化、旅游业融合，发展休闲农业；加强农业科技创新的引领作用，建设农业高端人才和技术集聚平台；探索建立涉农资金统筹安排机制，学习借鉴清远等地的经验做法，在市、区县两级分别建立涉农"资金池"，收纳各领域专项资金，确保涉农资金使用的公平和效率。

以第三产业融合为依托，有效延伸农业产业链，提升农业价值链，大力发展涵盖特色农业体验、田园休闲度假、潮汕农耕文化熏陶、农业科普旅游等功能的综合性农业休闲旅游景区和田园综合体。以特色农业景观、加工工艺和生活体验作为旅游吸引点，深度开发观光、休闲、体验等旅游产品，带动农副产品加工、餐饮服务等相关产业发展[14]。将潮汕传统精耕细作农耕文化、民间艺术、农业景观建设以及休闲娱乐活动密切融合起来，形成集体验、观光、展示为一体的现代乡村旅游业。通过挖掘文化底蕴、乡村民俗、特色饮食、农业景观和农事活动等乡村风情和历史文化，以民俗体验、节事活动、工艺传承、艺术继承等为主要内容，建设一批弘扬地方历史文化与旅游开发相结合的名镇名村。

3.4.3　品质提升，城乡环境品质共建，解决人民美好生活需求

人类活动造成的生态退化导致环境结构和功能的变化，在经济利益的驱动下，不合理的开发利用方式和强度对人类生存发展以及环境本身发展都会产生不利影响。坚持以生态环境保护为前提，发展循环经济，提高资源利用率，实现乡村振兴。

例如，加强水资源保护的问题。在饮用水源一级保护区等重点地区，严禁一切排污行为。水源保护区内的所有单位、企业、村镇都要严格执行《汕头市水资源管理办法》（2020年）。搬迁或关闭威胁饮用水源安全的污染源，确保水源地水质达标。严格控制工业与生活废污水排放，合理控制工业用水需求的增长，严控乡村生活水污染。实施雨污分流，坚持污水管网先行，加快农村污水处理设施配套建设。对于流域、近岸海域和地下水的保护与综合治理，完善水资源保护基础设施建设，构建全市江河水域水环境监测系统等。除水资源外，还要加大对农村其他资源和环境的保护力度，实施全面的生态保护行动。如加快淘汰工艺落后、污染严重的村镇工业；加强道路交通的管理与建设、严禁超标车辆行驶、逐步淘汰较高污染的车辆等[15]，对乡村地区机动车尾气源进行控制，为乡村振兴创造一个良好的生态基底。同时，从产业结构调整、污染治理的体制机制等根源性问题着手，制定生态乡村行动，分类实施生态行动计划。

农村地区不仅关注自然资源环境的优劣，而且关心农村居住环境的品质提升。改善居住条件，完备生活设施，是广大民众的热切期盼。首要之举是全面提升农村环境质量。对于靠近城镇、城市化基础扎实的农

村地带，如澄海区广益街道龙田社区，在规划布局时需着重体现城市功能特色，加速推进"三旧"（旧城镇、旧村庄、旧厂房）的更新改造，科学规划产业布局，迅速弥补基础设施短板，并致力于构建全面优质的公共服务系统。科学规划建设一批公园、绿地等，以此打造城市"后花园"。其次，在品质建设的基础上要充分体现乡村特色。地处远郊、古建筑保护较好的农村，比如澄海区隆都镇前美村等，要坚持做好环境整治，保护村庄传统格局，努力呈现原生的田园风光、原真的乡村风情、原味的历史质感[12]。深度打造一批原生态古村落典型，保护好农村祠堂文化，讲好农村故事，传承好乡土文化，打造农村侨文化，记住乡音、留住乡愁。对有乡村旅游发展潜力的村庄，重点配套建设生态旅游、观光农业等服务配套设施，打造一批具有浓郁潮汕味的"慢生活"品质乡村。

3.5 用系统耦合思路提升要素水平，落实汕头乡村振兴抓手

金晓斌、张晓琳等人认为要综合考虑发展要素变化过程，厘清不同要素耦合状态和作用机理是开展乡村发展类型研究的基础[5]。现有乡村发展类型是依据要素发展现状和乡村发展历程进行划分，并未重视要素过程耦合和联系。乡村主导要素在不同阶段呈现出不一样的特点，比如初级阶段多以满足口腹之欲为目标，解决日常生活的需求，在满足温饱的基础上进一步提升生活品质，改善生活环境，再进一步减小城乡差距，最终达到城市水平的公共服务设施配套标准。因此，低耦合状态的要素对应传统生产方式、生产结构单一的乡村，处于主导要素的培育阶段。随着培育要素的提升，产业格局重构，家庭主要收入不再以第一产业为主，但其他方面的辅助要素仍然较弱。当乡村发展处于阶段时期，产业结构趋向成熟，家庭收入来源于不同渠道，乡村经济、文化、人才、生态、管理等方面的要素耦合达到高水平。

目前汕头市乡村在产业、文化、人才、生态、组织等方面的耦合达到了要素耦合的中级阶段，主导要素处于提升阶段，但辅助要素欠缺，当地的优势资源没有被完全挖掘与培育。在产业发展方面，《汕头市乡村产业发展规划（2022—2026年）》指出农业农村发展的短板弱项仍较突出。一是乡村产业链整体水平较低，产业链延伸不充分，高附加值、精加工产品少，乡村价值功能开发不充分。二是产业集中度仍然较低，产业布局较为松散，企业带动能力弱，很难形成带动当地发展的龙头企业。三是资源环境条件的约束日益突出，人多地少的人地矛盾制约产业发展。四是产业机制与政策方面的不完善造成要素支撑能力不够，产业投入不稳定。在文化发展方面，汕头市在公共文化设施、文化服务体系及文化培育管理与发展方面都存在问题，乡村文化建设薄弱，文化发展不平衡。在人口发展方面，《汕头市人口发展规划（2018—2035年）》指出，人口存在总量低速增长、老龄化加剧、人口密度分布不均的情况，城乡人

口密度相差较大；在管理方面存在镇村一级机构和人员建设不健全，部分美丽乡村建设未能发挥农民的主动性，规划编制问题较多，各村投入分散未能形成合力，后期管护体制机制不健全等问题。汕头市乡村各大要素之间需要提升耦合程度，实现可持续发展的乡村振兴。

3.6 结论：发展机制结构的"扬弃"与"发展"

马克思、恩格斯认为"扬弃"既要保留又要舍弃，既要克服又要发扬。一方面要抛弃和"炸掉"它的"唯心主义外壳"，另一方面又要保留并吸纳它的辩证法的"合理内核"，从而创立唯物辩证法[13]。张启满认为扬弃的过程是理论创新的过程，与彻底否定的态度完全不同。扬弃是继承和创新的辩证关系，既要继承优秀的传统，也要创新发展和与时俱进。正如《谏太宗十思疏》中写道："求木之长者，必固其根本；欲流之远者，必浚其泉源"。因循守旧的做法是对传统的误解，继承优秀的传统不仅要从"面子"上，也要从"里子"上，要消化内在人文精神的继承。汕头文化根源于几千年的中华文化，历史悠久，文化底蕴丰富。当然，几千年的文化有它独特的内在魅力，当然也有需要摒弃的文化糟粕，在历久弥新中培育适合现代社会主义发展的文化与文明，维系民族团结，凝聚人民的价值纽带。从多角度、多层面、多方法、多方面去寻找创新途径，立足实际情况、规范创新尺度合理进行创新。坚持"扬弃并举"，坚持"守正创新"，将继承与发展结合起来，凝聚发展新动力。

充分发扬并利用潮汕文化中的善于营商、乡情义重、知恩善报等精华，摒弃潮汕文化中的弊端，努力营造开放包容的国际性潮人文化环境，以科学、开放、融合、精致的潮汕文化推动汕头乡村地区的全面发展。同时，充分利用改革创新的力量，从根本上打破城乡分割的传统体制机制障碍。例如，利用"两权"抵押贷款试点和农村集体建设用地改革等举措，促进农村供应链金融改革；积极进行农业创新，建立农村大农业产业链；探索与潮商合作的模式，为汕头乡村地区发展提供新的动力（图 3-3）。

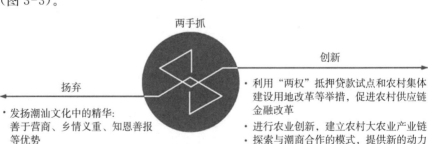

图 3-3 汕头乡村体制机制改革模式图

第 3 章注释

① 本章节部分观点源自《城乡融合视角下的汕头乡村振兴研究报告》，乔硕庆、陈易改写，孙露校对修改。
② 参见汪辉、秋风、祝东力：《"文化自觉"笔谈》，《文化纵横》2012 年第 4 期。
③ 参见百度百科"文化自觉"。
④ 参见佚名：《文化建设为乡村振兴注入动力》，《中国社会科学报》2019 年 4 月 15 日资讯版。
⑤ 参见人民网《发改委：从四个方面理解现阶段推进城乡融合发展的重大意义》。
⑥ 参见曲青山：《深刻理解中国式现代化五个方面的中国特色》，《求是》2023 年第 16 期。
⑦ 参见《国务院关于新时代侨务工作情况的报告》。
⑧ 参见豆丁网《社会组织在生态文明建设中的作用》。
⑨ 参见中国新闻网《专家谈乡村治理路径：发挥农村多元化社会组织作用》。
⑩ 参见《利用集体建设用地建设租赁住房试点方案》。
⑪ 参见人民网《闲置宅基地可拆旧建新 建设民宿发展乡村旅游》。
⑫ 参见人民网《乡村复兴，守住文明之根——江苏建设特色田园乡村观察》。
⑬ 参见张启满：《在扬弃中创新》，《解放军报》2003 年 11 月 12 日第 3 版。

第 3 章参考文献

[1] 祝和军. 如何辩证看待中国传统文化 [J]. 前线，2017（1）：55-58.
[2] 吴碧波. 加快实现城乡高质量融合发展 [J]. 当代广西，2019（16）：57.
[3] 魏后凯. 新常态下中国城乡一体化格局及推进战略 [J]. 中国农村经济，2016（1）：2-16.
[4] 刘艳丽，容国玲. "七个坚持"引领乡村振兴 [J]. 安徽农业科学，2018，46（18）：207-208，219.
[5] 金晓斌，张晓琳，范业婷，等. 乡村发展要素视域下乡村发展类型与全域土地综合整治模式探析 [J]. 现代城市研究，2021，36（3）：2-10.
[6] 佚名. 陈慈黉家族 [J]. 潮商，2013（4）：6-8.
[7] 佚名. 腾讯"互联网＋"落地汕头 携手打造最美智慧城市新形象 [J]. 潮商，2016（4）：13-14.
[8] 王冰洁. "中国社会组织经济规模（N-GDP）测算"研究成果发布 2016 年全国社会组织经济贡献达 2 789 亿元 [J]. 中国社会组织，2018（14）：43-44.
[9] 吉玫成，白雪. 新型城乡关系视角下乡村振兴的内在逻辑与实现路径 [J]. 小城镇建设，2022，40（1）：99-103.
[10] 李斌斌. 集体土地使用权流转法律制度研究 [D]. 西安：西安工程大学，2018.
[11] 叶玉瑶，张虹鸥，吴旗韬，等. 珠江三角洲村镇产业用地整合的策略、模式与案例分析 [J]. 人文地理，2014，29（2）：96-100，75.
[12] 孔祥智，周振. 我国农村要素市场化配置改革历程、基本经验与深化路径 [J]. 改革，2020（7）：27-38.
[13] 冯海发. 构建现代农业"三个体系" 加快推进农业现代化 [J]. 农业经济与管理，2017（5）：9-12.
[14] 陈映雄，陈晓俊. 着力提高"三农"发展水平，促进城乡协调发展：以广东省

汕头市为例[J]. 农村经济与科技, 2018, 29 (7): 229-231.

[15] 卓胜. 丰顺县大气污染分析及控制管理对策[J]. 环境与发展, 2018, 30 (7): 156, 159.

第3章图片来源

图 3-1 源自：陈易、乔硕庆绘制.

图 3-2 源自：吉玫成, 白雪. 新型城乡关系视角下乡村振兴的内在逻辑与实现路径[J]. 小城镇建设, 2022, 40 (1): 99-103.

图 3-3 源自：南京大学城市规划设计研究院北京分院《城乡融合视角下的汕头乡村振兴研究报告》.

4 求索：基于机制创新的乡村振兴总体路线思考[1]

4.1 乡村振兴总体路线初步设想：从治理、机制到实施

基于"扬弃"与"发展"的发展机制结构创新是乡村振兴的关键。当然，这个创新过程背后的目的则是推动乡村振兴治理水平的提升。在这个框架下，乡村振兴的总体路线应包括"战略目标—战略核心—战略实施"等若干部分。具体而言，也就是治理目标、发展机制和实施行动。就实施行动而言，我们又可以将其划分为不同阶段。一般而言，我们惯以近期、中期、远期为阶段划分的方式。

结合汕头乡村振兴调研课题研究以及在汕头乡村振兴过程中一系列规划实践工作，我们对汕头乡村振兴总体路线提出了一个大胆的假设，即一个治理目标，三大发展机制，三个实施阶段。依照这个思路，我们立足汕头乡村当前实际，按照"近细远粗"的原则，提出"三年取得重大进展、五年见到显著成效、十年实现根本改变"的乡村振兴总体路线[2]（图4-1）。

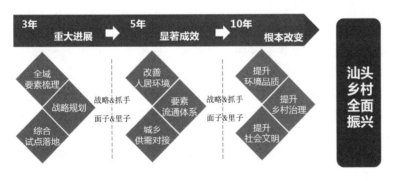

图4-1 汕头乡村振兴总体路线图

4.1.1 一个治理目标：乡村振兴现代治理水平的提升

乡村振兴是一项极为复杂的工作，工作量非常大、涉及面非常广。一旦牵涉基层具体工作，难度之大可以想象。汕头有一个非常好的乡村

振兴治理基础，即自下而上的村民自组织能力基础很强。可以说，《乡土中国》中提到的很多中国乡村社会规则、规律在这里或多或少都有体现。这个话题很自然地又回到了机制创新的一个重要结论，即我们需要在扬弃中发展。一方面我们尊重汕头乡村地区传统的治理框架，另一方面则要基于现代治理手段对其进行进一步发展。在乡村振兴的具体实践中能够推动工作，重构一个良好的发展生态、治理生态，最终实现现代治理水平的提升。

实际上，政府部门、学界行业等各个领域都在为乡村振兴提供更多实用的治理工具。例如，利用农村集体经营性建设用地入市改革试点等政策，打通城市资本下乡的有效渠道；通过农村基础设施、生态、人居环境品质、公共服务、乡村治理等硬件和软件水平的提升，抓住当前特色小镇、田园综合体、乡村旅游等政策机遇，将城市休闲消费需求与农村的绿色生态资源结合起来，进行高效配置，鼓励城市产业要素、投资者、消费者等全面下乡，并通过农业产业链的节点衍生新业态[1]。扬弃传统机制，结合现代化企业管理和运作经验，利用国家双创等政策，促进本地家族文化转型；积极引导潮汕文化扩容，助力本地乡镇企业转型等。由此可见，我们并不是缺乏输出工具的能力，而是需要审慎设计一个目标，一套机制。对于国内绝大多地区而言，抓好巩固拓展脱贫攻坚成果与乡村振兴的有效衔接，以及创新前瞻机制与扬弃传统机制的有效结合，才能牵住人才发展、产业发展、生态发展、文化发展、组织发展等牛鼻子，推动当地的乡村振兴工作科学有序发展。

4.1.2　三大发展机制：潮人纽带、城乡融合、要素耦合

制定发展机制的前提是对汕头有一个充分的认识：汕头有什么？擅长什么？可以发展什么？作为中国近代最早对外开放的城市之一，汕头拥有独特的地方文化和丰富的人文资源。近年来，在市政建设、投资招股、建设工厂、交通运输、促进就业等方面侨商都有涉足，对促进汕头经济发展发挥着重要作用③。合理规划侨务资源服务于汕头、充分发挥侨务资源优势，以侨引资、以侨引智，对促进对外商务交流，开展对外活动，弘扬汕头文化、中国文化等方面都有积极作用；汕头城市与乡村发展还有很大的差距，城乡发展不平衡的矛盾依然突出，制约乡村振兴发展。重塑城乡关系，走城乡融合发展之路是中国特色社会主义乡村振兴道路的关键④。城乡发展均衡化、双向化是减少城乡差距、减少贫富差距、促进一体化发展、推动农村和城市人民享有同等社会资源、解决社会主要矛盾的必然选择。

综上所述，若要落实汕头的乡村振兴发展机制创新，潮人纽带、城乡融合与要素耦合是三个关键方面。在总体路线具体行动部署的过程中，应充分体现这三个发展机制的内涵。

4.1.3 三个实施阶段：近中远期相结合落实工作抓手

在广东省乡村振兴战略的总体指引下，依据汕头乡村振兴的总体路线设想，我们可以将行动安排划分为近期、中期、远期三个阶段。

近期，汕头乡村振兴要取得重大进展，高质量全面建成小康社会[2]。在"十三五"规划期间，通过全域范围的要素梳理、战略规划及各专项规划的统筹安排，主要推进基础设施优化型项目、产业升级转型项目、空间肌理重塑型项目、公共服务补缺型项目四类重点项目的建设。将潮南乡村地区建设成"村美、林野、水清、天蓝、人幸福"的"汕南全域乡村统筹发展示范区"。在住房建设方面，村庄建设用地集约紧凑宅基地布局合理合规，建筑功能完善、结构安全、造型美观、节能低碳。生活垃圾分类收集转运当日完成率达到90%以上，生活污水预处理率达到100%，污水集中处理率达到80%。村容村貌整洁有序，三边地带无生活垃圾污染，公共空间开敞优美，主要街道实现美化亮化。文物保护单位登记制度得到完善，完成全区文物保护单位普查，划定文物保护单位保护范围，明确保护主体责任与利益。卫生、文化、社会福利设施运行良好，公共活动场所容量充足、设施齐备，大力发展零售、餐饮、民宿等商业服务设施建设。公共绿地面积增加，村庄绿地率不低于20%，村庄公共空间、街巷、滨水岸线实现100%景观美化。

中期，乡村振兴取得显著成效，农村人居环境明显改观⑤。通过整体改善乡村人居环境、健全城乡要素流通体系，实现城乡供需同步对接，基本健全城乡融合体制，初步形成现代化乡村产业体系、生产体系和经营体系⑥；基本建立现代乡村治理体系；改善乡风文明；生态宜居美丽乡村建设取得重大成果，垃圾污水处理、无害化卫生户厕等基础设施基本实现自然村全覆盖⑦。

远期，乡村振兴取得战略性成果，农村落后面貌实现根本改变。基本实现城乡基本公共服务均等化，城乡融合发展体制机制更加完善；现代化乡村产业体系、生产体系和经营体系更加完善，乡村产业现代化水平显著提升；乡村社会文明达到新高度，乡村治理体系更加完善，党的执政基础全面巩固⑧；全面提升乡村环境品质，农村生态环境得到根本性好转；农村居民人均收入水平比2020年翻一番。

4.2 机制创新一：进一步发挥潮人文化纽带作用

潮人文化是古中原文化的遗存，有鲜明的地域特色，具有民间性、兼容性、团结性、世界性等特点。首先是民间性。汕头的宗族文化具有独特的文化内涵，祠堂、长老祠等在汕头民间十分普及，无处不在的潮州会馆、宗祠等展现地方文化在民间的普及率以及根植性高、对家乡宗族的认同感强。其次是兼容性。潮人文化有中外兼容的特点，既保留了土著文化的优良传统，又汲取了海外优秀文化并加以融合形成独特潮人文化。再次是团结性。潮汕人具有高度凝聚力，家族观念浓厚且渗透到经商、生活、社会等方面。最后是世界性。潮汕商人遍布世界各地，在政治、经济、文化、科技等行业有着极高的成就。潮汕文化在中国乃至全世界都有其独特的意义与价值，从而进一步发挥潮人文化纽带的作用，同时对汕头乡村振兴发展具有重要的推动作用。

1）促进家族文化转型

如前所述，潮汕地区传统的宗亲文化在很大程度上促成了本地非正规经济的发展。虽然这一发展模式下本地企业普遍技术层次不高，但是不可否认本地宗亲文化和自组织模式以其很强的稳定性和抗风险性成为驱动汕头乡村地区发展的核心动力。在汕头经济进一步转型发展的过程中，需要在继承汕头传统文化精华的同时，进一步融入现代化的经济组织方式。通过对汕头传统文化进行有选择的扬弃来推动潮汕文化由封闭走向开放。

2）鼓励侨乡文化发展

华侨和侨资是汕头文化的重要载体和具体表现，但是目前侨资回归的主要形式还是以公益性捐助为主，其自发性非常强烈，难以成为地区发展的直接推力。未来需要通过政府引导，形成"新乡贤反哺模式"，即鼓励、引导侨资向支持创新创业等方向投资，从公益性建设向提升地区造血能力方向转型。

3）引导潮汕文化扩容

进一步发扬质朴、兼容、精细、开拓的潮汕精神，在新时代新环境的引领下，扩容城市内涵。使新一代汕头人继续保持淳朴的品质、海纳百川的气魄，扩容国际化的视野和培育创新创业的精神，依靠卓越的智慧和不畏艰难的决心与毅力，全面推动经济社会发展。

4.3 机制创新二：进一步促进城乡区域融合发展

城乡区域融合的目的在于打通区域内各类生产要素的流通（尤其是城乡要素的双向流通），优化生产要素的全域空间配置。因此，应对汕头本地的要素资源家底进行全面了解，应对全域范围的要素进行全面梳理，进一步促进城乡区域融合发展，绘制要素分布的一张蓝图。

一方面，要全面梳理汕头乡村地区的资源和要素。通过构建汕头行政村信息平台，对各行政村的人口、土地、水、电、基础设施、产业发展、潮商资源等信息进行梳理和统计。全方位、多角度地深入了解各行政村的经济、社会、文化、生态等基本情况，分析面临的关键问题，为下一步的要素统筹安排提供资料和数据基础。

另一方面，全面梳理汕头及其他城市地区可供利用的资源和要素。

在涉及汕头乡村经济建设、政治建设、文化建设、社会建设、生态文明建设和党的建设⑥等全域范围内的各个领域，全面梳理城市地区可供乡村利用的所有要素和资源，如梳理城市地区在智能化、网络化等科技领域的先进优势，探索城市智慧要素下乡的可行路径等。

4.3.1 绘制汕头全域城乡一张蓝图⑦

张尚武老师在谈到乡村规划的特点与难点时，从理论认知层面、技术方法层面以及地方实践层面进行系统性的解读[3]。首先是理论认知层面，他认为乡村与城市的发展路径是相反的，只有立足乡村自身视角去探讨发展路径，才不会造成城镇化政策的偏差与地方实践的误区。其次是技术方法层面，他认为乡村规划的土地产权、治理模式、生产和生活组织方式都与城镇存在明显差异，需要建立乡村发展的技术方法体系来适应乡村发展需求。最后是地方实践层面，他认为尊重村民意愿是乡村规划的基本要求，如何建立可持续的、有效的规划组织模式是许多地区在开展乡村规划中遇到的难点。汕头市全域市辖32个镇，包含1157个自然村。面对量大、复杂、涉面广的乡村规划工作，系统性地从理论认知层面、技术方法层面以及地方实践层面进行全方位的规划统筹，对规划工作者以及地方管理者来说犹如攀藤附葛。

我们在摸索绘制汕头全域城乡一张蓝图时，以汕头市潮南区为切入口。潮南区全域乡村规划有其复杂性与难度性，在汕头市具有特色性以及代表性。了解规划中的难点、关键点与创新点，通过高质量的潮南区空间规划来应对未来乡村人口调整、产业发展变化是推动潮南区全域乡村规划的前提，也为绘制汕头全域城乡一张蓝图提供技术支持和经验支撑。

1) 难点解读：规划的"复杂性"

难点1：新时代的"乡村振兴战略"内涵在区县层面应该如何解读？

在"乡村振兴战略"新时代要求和相关政策红利的不断探索背景之下，乡村振兴在区县层面的实践应既包含单个乡村的振兴，也包含全域乡村的振兴。将"区域融合，多规协同"作为前提，研究可实施性强的、科学合理的全域乡村建设模式，创新乡村空间开发潜力的识别方法，是保障农村经济、社会、文化和生态环境可持续性发展的必然要求。

难点2：区域的复杂性：全区232个行政村，如何实现全域覆盖的协同、同步引导？

潮南区作为潮汕地区典型的"半城半乡"（Desakota）地区，在由乡村向城镇转化的推力作用与难以彻底城镇化的阻力作用下，潮汕地区的城乡建设长期维持着半城市化的悬滞状态。潮南区连绵的乡村密集区存在着规划编制的诸多困难：一是基层单元数量巨大，人多地少的特征显著；二是村庄用地条件复杂，基础信息整理难度大；三是村庄建设基础差异较大，统筹协调难度大。可见，紧扣从单体到区域的乡村区域协同观，梳理明晰现有破碎化的乡村空间要素，进行全域系统统筹是规划的首要突破点。

难点3：发展的复杂性：在全区乡村发展要素偏心化的现状下，如何辨识真正的潜力乡村？

虽然现在村庄的发展良莠不齐，很多基础设施呈现偏心化的布局，"三生"空间也无序混乱，但是乡村依然存在着巨大的潜力，且全区绝大多数特色资源禀赋都在乡村，所以应该用动态发展的思路去理解乡村。随着相关规划、重点项目的落实，更应用发展的眼光去评估与发现乡村，这样才能更好地指导乡村地区的良性发展。

难点4：实施的复杂性：在潮汕乡村"自组织"治理逻辑下，如何让规划更落地？

潮汕乡村发展的内在因素受其独特的社会关系影响甚深，体现出显著的乡村"自组织"特征，给自上而下整体统筹带来发展观念与实施的难度，在"强亲缘、弱政府、小社会"的治理逻辑与社会关系主导之下，地方政府被动"放权"，上层规划功能几近失效。

2）关键方法：树好全域的"新三观"

创新点1：提出覆盖区县的"乡建一张图＋可持续评价＋行动指南"的全域乡村创新方法框架。

充分考量半城半乡地区的空间特点和发展中遇到的问题，跳脱"就乡村论乡村"的思路。基于区域观、发展观和行动观确立乡村建设目标，从区域的角度理解乡村，从发展的视角解析乡村，从朴实的行动建设乡村，在宏观战略和微观策略两个层次上提出"乡建一张图＋潜力价值评估＋朴实行动"的创新方法论（图4-2），旨在指导广袤乡村地区的多规融合管控实践、乡村空间可持续发展，改善人居生产、生活环境条件的建设与部署。

创新点2：乡建一张图：以全域乡村为理念，作为市县区域城乡空间一张图的细化与落实。

以"乡建一张图"为统领，打破传统"重城镇、轻乡村"的规划发展图景，强调全域多规融合下的边界管控，深化乡村地区的统筹引导，

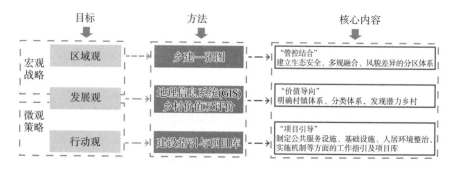

图4-2 全域乡村创新研究方法框架

落实与市、区社会经济发展规划、土地利用规划、环境保护与生态控制线规划及各镇街近期建设规划的衔接协调，建立以潮南区"乡建一张图"为标准的可持续发展的乡村理想图景，提出全域乡村宏观区划与用地管控要求，指导基础设施与公共服务设施的均衡布局和特色风貌的有效营造。

创新点3：全域乡村可持续评价：建立面向乡村适宜性、具有开发价值的"双评价"定量方法，从而更科学地识别潜力乡村，支撑乡村分类分级结论。

在传统的适宜性分析模型与叠算方式上进行创新，甄选与提炼海量资料信息，探索利用地理信息系统软件 ArcGIS 平台构建适配于潮南区自身发展的全域乡村可持续评价方法（图4-3）。通过用地适宜性分析辨识全域乡村现状基础，用土地开发价值分析探求可持续潜力乡村，对复杂的乡村空间要素进行定性与定量评价。通过对自然、人为环境适宜性基础性因子，道路交通、用地布局、特色资源和空间品质等动态发展因子的系统分析，摸清全域乡村家底，划分用地潜力等级，识别潜力乡村。同时考虑历年人口、行政区划与建设面积、人口收入及个体村庄政策等因素，对可持续评价结果进行系统校核，修正数据模型。可见，创

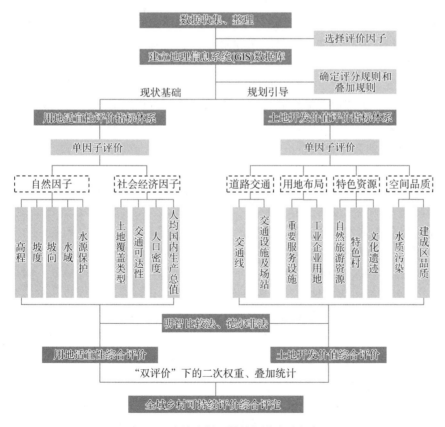

图4-3 全域乡村可持续评价方法框架

新评价方法由"终极蓝图式"向"动态发展式"的转变，为有效衔接全域乡村分区、分级、分类的宏观蓝图与朴实的微观行动提供了科学支撑。

创新点4：全域乡村行动指南：以覆盖全域的乡村行动项目为抓手，分类提出人居环境整治建设的具体路径。

在行动计划上，我们面向各个镇街的实施管理需求，从基础设施优化、产业转型升级、空间肌理重塑、公共服务补缺四个方面，提出并梳理全区近千个朴实的项目，通过制定项目库和行动方案逐步落实实施计划。

在微观指引上，从住房建设、农村生活垃圾和污水治理、农村人居环境整治、乡村历史文化保护、设施建设和乡村风貌营造等诸多方面，对不同发展阶段的村居提出人居环境整治建设的行动指引，强化城乡公共服务设施与公用设施的"点—线—面"空间组织结构。从分级配置、共建共享与深度融合的思路出发，保证乡村地区近期建设的可操作性和实效性，从而推进宏观层面"乡建一张图"的呈现。

4.3.2 统筹汕头全域乡村振兴战略⑩

统筹汕头乡村发展的前提是对全域全要素的梳理。对乡村地区的要素梳理要有深度，既要挖掘乡村地区的优势潜能，又要找到乡村地区的发展短板；对城镇地区的要素梳理要有广度，既要找到城镇可以提供的要素供给，又要找到城镇可以提供的市场需求；对城乡区域的要素梳理要有高度，既要立足乡村、城镇的要素梳理，又要从全域的角度分析要素，广泛统筹资源。最终通过梳理统筹城乡各方面的安排，达到城乡均衡、协调、融合发展的目的。

1) 规划文件的统筹

诸多规划不衔接、不统一、不管用的现实问题导致地区盲目发展、无序发展、资源浪费、形式主义盛行，不仅违背了规划发展的初衷，而且阻碍了地区发展的进程。推动"多规合一"是对传统规划思路的转变，也是指导未来发展的需要。相比于其他乡村地区，正如前文所述，汕头乡村地区由于独特的宗亲文化和劳动密集型村镇工业的发展，形成了农业非农的景观、"半城半乡"的空间景观等割裂并混杂的乡村现象。制定"全域乡村振兴战略规划"是从根本上解决汕头乡村目前面临的产业后劲乏力、环境污染等发展困境的有效手段，合理利用乡村资源，对全域乡村的空间形态、产业布局、乡村治理、基础设施、公共服务、生态保护、体制机制等进行统筹设计⑪，推进规划由原来主要关注城镇发展向关注城乡融合转变，健全乡镇、村庄规划编制体系。

以全域乡村振兴战略规划为基础，推进城乡规划、土地利用总体规划、产业发展规划、环境保护规划、经济和社会发展规划等的有机衔接。改革完善"市、区（县）、镇（街道）、村（社区）"四级规划工作制度[12]，建立"市统一规划布局、区（县）主导、镇（街道）为主体、村（社区）实施"的工作机制。由市政府统筹"全域乡村振兴战略规划"，各区（县）据此制订各自的发展规划，镇（街道）、村（社区）两级再按照上级规划，因地制宜地编制好各自的发展规划，形成自上而下、衔接融合的城乡发展规划体系。加大规划和计划执行监管力度，将其纳入工作考核。充分调动汕头乡村自组织的力量，健全完善镇（街道）、村（社区）基层乡村规划建设管理队伍。

2）产业发展的统筹

2020年4月，习近平总书记在中央财经委员会第七次会议上强调要构建以国内大循环为主体、国内国际双循环相互促进的新发展格局[13]。不仅是国内国际循环，汕头也应该建立汕头内部循环市场，而产业发展是促进汕头市循环经济模式的重要因素，产业统筹发展是建立循环经济模式的前提。产业发展统筹意味着汕头市城与镇、城与乡以及镇与乡之间互为资源、互为市场、互为服务体，使得城镇乡的产业边界模糊化。而目前约束汕头市建立大市场的一个主要原因是乡村产业发展的制约。汕头市是一个有大片农村的经济特区，当前乡村地区的生产的农产品不能自我消化，城镇与城市地区缺少相应的帮助机制，内部循环体系并未构成。

3）公共服务设施的统筹

行政体制的差异导致城乡公共服务设施的差异，城乡分割的二元管理制度造成城市与乡村地区人口享有不同水平的就业、教育、医疗等公共服务的现状问题。以教育基础设施为例，汕头市乡村地区的师生比例以及软硬件教育设施条件明显低于城市地区；从医疗卫生条件来看，乡村地区的医疗设备不完善、卫生人员数量少等。公共服务设施无法全面覆盖乡村地区，且无法满足乡村地区人口需求。需按照政治层级配置公共服务设施，完善村级医疗服务保障，推进合作医疗建设制度，完善教育、就业等制度，统筹城乡公共服务设施建设水平。

4）基础设施的统筹

推动城、县、镇、乡基础设施联动建设要兼顾自上而下和自下而上，相互结合，共同建设发展。在城乡区域层面，构建系统完备、科学高效的现代设施基础体系，系统布局基础设施建设，精准做好补短板、强弱项工作；在城镇层面，对标城市基础设施条件，加大城镇基础设施建设，成为连接城乡一体化发展的重要节点（专栏4-1）。例如，作为交通节点，建设从各区（县）直达城市与乡村的交通路网、物流网络；在乡村地区的基础设施发展上，对乡村基础设施建设、公共服务设施建设分层分类展开建设行动，逐步解决乡村地区道路质量差、电网设备差、供水条件差、网络普及率低、流通设施建设滞后等根本问题，为城乡基础设施统筹发展打下基础。

> 专栏 4-1　《关于推动城乡建设绿色发展的意见》摘录
>
> 三、转变城乡建设发展方式
> （二）提高城乡基础设施体系化水平。建立健全基础设施建档制度，普查现有基础设施，统筹地下空间综合利用。推进城乡基础设施补短板和更新改造专项行动以及体系化建设，提高基础设施绿色、智能、协同、安全水平。加强公交优先、绿色出行的城市街区建设，合理布局和建设城市公交专用道、公交场站、车船用加气加注站、电动汽车充换电站，加快发展智能网联汽车、新能源汽车、智慧停车及无障碍基础设施，强化城市轨道交通与其他交通方式衔接。加强交通噪声管控，落实城市交通设计、规划、建设和运行噪声技术要求。加强城市高层建筑、大型商业综合体等重点场所消防安全管理，打通消防生命通道，推进城乡应急避难场所建设。持续推动城镇污水处理提质增效，完善再生水、集蓄雨水等非常规水源利用系统，推进城镇污水管网全覆盖，建立污水处理系统运营管理长效机制。因地制宜加快连接港区管网建设，做好船舶生活污水收集处理。统筹推进煤改电、煤改气及集中供热替代等，加快农村电网、天然气管网、热力管网等建设改造。

4.3.3　健全完善城乡要素流通体系

在第 2 章中提到乡村地区的一个普遍现象是要素流入城市多，吸纳城市要素流入少，使其处于要素被动流动、单向流动的状态。改变"由乡到城"或者"由城到乡"的单向流动，实现城乡资源优化配置需要形成城乡双向并行的发展结构，需要考虑"留"与"走"两个方向，乡村振兴发展不仅要靠农村内部发展，而且要依靠城市拉动。首先是"留"。发挥乡村自身优势，留住资本、留住人口、留住企业，科学引导城市的土地、人才、资本等资源要素向乡村有效流通，实现以工促农、以城带乡、驱动乡村经济全面发展。其次是"走"。对农村内部要素和资源进行激活和集聚，自发形成流入、流出良性循环动力，实现逆城市化潮流，摆脱对城市拉动的过度依赖才能真正促进乡村经济的全面发展，实现乡村振兴。

1）加强农村硬件设施和软性制度建设，吸引城市要素下乡

首先要提升村镇经济的生产配套、垃圾处理回收和污水无害化处理等设施的建设水平，以助力汕头村镇经济转型升级。同时，要提升与现代产业发展相匹配的农村治理等制度环境水平；引导规范乡贤、老人组等汕头特色乡村自组织力量，搭建高效有序的村民自治和互助平台，提高自我服务和管理能力[4]。通过提高与现代产业发展相匹配的硬件设施与软性制度建设，降低城市要素下乡成本，提升要素的边际收益，吸引城市要素流向农村。

2）推进基于本地基础的产业融合与创新，留住城市要素

鼓励城市产业要素通过汕头乡村本地产业链衍生新业态[1]。例如，在潮南区两英镇传统纺织服装的产业发展中，融入当地的潮绣文化，形成定制服装，助力纺织服装产业升级。同时，利用这些要素聚集相对良好的空间区域，吸引城市资金、技术和人才等产业要素聚集。结合本地农村特色，通过打造特色小镇、田园综合体等方式[5]，促进原有产业升级，助力传统产业聚集区成为乡村振兴的先发地。

3）构建利益共享机制，促进城乡要素共生持续

打造多元化参与途径，创造条件让农民参与乡村振兴，让农民成为乡村振兴的主体。完善利益分配机制，通过多种方式，使农民手中的土地、资金等要素参与利益分配，让农民在乡村振兴中获得合理的回报。推动城乡产业要素共生，进而使城乡要素流通得以持续，乡村振兴目标得以实现。

4）推动城乡基础设施互联互通

推动城乡融合发展应最先推进城乡基础设施共建共享、互联互通，推动农村基础设施建设提档升级。如通过加强与中心城区的道路和交通设施的共建共享，促进城乡要素和资源的互通。

5）推动城乡公共服务共建共享

探索建立村级公共服务的财政保障制度，加快城市公共服务下乡，建立健全全民覆盖、普惠共享、城乡一体的基本公共服务体系[6]，推进基础教育服务、医疗卫生服务、社会保障方面的均等化。

6）促进城乡教育资源均衡发展

结合各区（县）教育资源和教育需求的实际，探索城市学校托管乡村学校、城市学校建立分校、乡村学校加盟名校教育集团等城乡教育资源互通模式，优化现有教育资源分配，提升农村教育教学质量。鼓励建立城乡教师轮岗制度，完善城乡教师统筹调剂措施，妥善解决乡村教师结构性短缺的矛盾，为乡村振兴提供智力支持[7]。

4.3.4 实现城乡区域供需同步对接

汕头发展道路势必需要城乡并行发展，物质、文化、精神、经济等在城乡之间自由流动是发展前进的动力。在汕头地区，土地资源破碎化一直是让人头疼的问题，城乡空间平台并行也存在一定的阻碍。随着乡村经济的发展，农民对生活要求逐渐提高。在践行城乡融合理念，按照工业集群化发展、城乡供求对接的原则的基础上，依托汕头乡村地区化妆品、针织服装、音像制品等工业基础和有特色、有基础、有优势的农产品生产基地、现代农业园区、新型农业经营主体等打造一批"微基地"项目。这些项目不仅能够有效满足城市需求，而且能够推动农村新产业新业态，实现农民增收、农业增效。

1）农业型"微基地"

依托优质蔬菜、潮汕特色水果、优质水稻、名优花卉、良种生猪、海水养殖等特色主导产业，以汕头市区及周边城市居民为主要目标客户群体，以满足城市市民所需为目标，打造一批中小型特色农业基地[14]。基地产品定位以都市现代农业和休闲农业为主，融合果蔬种植、采摘、农事体验等功能。如在潮南区井都镇，依托区域内唯一的台湾农民创业园，打造集科研生产、绿色加工、生态旅游、田园居住为一体的现代化农业"微基地"，促进周边农产品加工向基地集聚，同时满足城市市场对绿色食品的消费需求及周边居民对采摘、农事体验等农业的休闲需求。

2）工业型"微基地"

鼓励城郊地带、"城中村"地区结合集体建设用地改革，开展旧村改造，建设小微企业创新创业示范基地、众创空间、孵化器等集聚区。通过旧村改造、利用集体建设用地等供地方式，集中建立环保型产业园区，并设置完善的服务平台及统一的智能环保处理设施，引导本地产业升级。

3）物流型"微基地"

着重打造智慧乡村物流，依托汕头乡村工业基础，利用区域云计算数据中心和本地物流大数据，尽快建立融合物联网、云计算、大数据、区块链等新一代信息技术全面链接的物流体系。如澄海区外砂街道，潮织产业为其支柱产业，但因其生产性服务业发展滞后，严重影响了潮织产业的进一步发展。外砂街道可依托境内"沈海高速""汕揭高速""324国道"等交通干线的互联互通，打造物流数字化程度高的、"全程透明"的物流服务基地，积极与汕头市物流集散中心合作，创建由村镇到城市的高效物流网络。

4.4 机制创新三：进一步释放要素系统耦合效应

当前，汕头市乡镇生产、生活以及生态空间正在进行重构的过程，推进全域要素整合，包括整合资源、整合成员、整合环境等，有效整合生态资源、产业资源、文化资源、旅游资源等全域要素，对生产、生活、生态空间进行规划与统筹，形成产业集聚发展、农居集中建设、资源集约利用的基本特征，真正实现"三生相融"，推进汕头乡村发展之路。2022年6月29日汕头市乡村振兴工作现场会在汕头市潮南区陇田镇召开，会议介绍了近几年汕头市在探索乡村振兴道路上紧扣五大振兴战略在产业、人才、文化、生态以及组织管理方面所做的工作以及取得的成效[15]。

接下来，远期规划要在现状实施成效的基础上，进一步夯实发展基础，紧扣五大振兴战略，进一步释放要素耦合效应，实现汕头乡村地区的根本性改变。第一，在产业振兴方面，精准确定发展项目、加强产业技术培训、抓好产品增量提质，使现代化乡村产业体系、生产体系和经营体系更加完善，乡村产业现代化水平显著提升，城乡产业融合发展。第二，在人才发展方面，继续加大人才引进政策。第三，在文化发展方面，夯实文化传播基础、加强文化建设、打造特色品牌文化等。第四，在乡村面貌方面，要彻底改变目前汕头农村环境不佳的现象。以绿色发展引领生态振兴，坚持人与自然和谐共生，通过完善农村基础设施、治理乡村生态，持续提升农村环境品质和质量；让生态美起来、环境靓起来，让绿色成为汕头乡村的底色，推动绿色发展方式和生活方式融入汕头乡村发展。第五，在基层治理方面，治理体系更加完善，党的执政基础全面巩固（专栏4-2）[15]。

专栏4-2 高质量打造乡村振兴示范带

近年来，汕头市潮南区深入学习贯彻习近平总书记关于"三农"工作的重要论述精神，扛起"五级书记抓乡村振兴"的政治责任，围绕"两带八廊展新颜"的新格局，探索具有潮南特色的乡村振兴路子，全力推动产业兴旺、生态宜居、乡风文明、治理有效、生活富裕。在2020年度广东省推进乡村振兴战略实绩考核、汕头市推进乡村振兴战略实绩考核和广东省农村人居环境整治三年行动检查验收中，潮南区均取得"优秀"等次。潮南区紧扣"五大振兴"要求，走好"五条路径"：一是产业壮骨，放大特色农产品、特色传统产业优势，走好富民兴村之路；二是人才赋能，实施"1+8"人才政策，加大人才引进、挖掘、培育、服务力度，走好筑巢引雁之路；三是文化铸魂，保护并利用好潮南独有的人文资源，促进红色文化、侨乡文化、潮汕文化各美其美、美美与共，走好成风化人之路；四是风貌塑形，保留乡土气息、保存乡村风貌、保护乡村生态系统、治理乡村环境污染，实现人与自然和谐共生，走好山秀水美之路；五是党建引领，打造上下贯通、执行有力的组织体系，推动更多力量和资源向乡村倾斜，走好强肌健体之路。

4.4.1 全面提升乡村产业赋能[16]

农民增收是实现乡村振兴的落脚点，推动乡村产业发展、提高农民整体收入是乡村振兴战略的关键，而提升农民收入的前提是提升乡村产业的发展。2019年6月《国务院关于促进乡村产业振兴的指导意见》发布，文件指出产业兴旺是乡村振兴的重要基础，是解决农村一切问题的前提。乡村产业根植于县域，以农业农村资源为依托，以农民为主体，以农村一二三产业融合发展为路径，地域特色鲜明、创新创业活跃、业态类型丰富、利益联结紧密，是提升农业、繁荣农村、富裕农民的产业[17]。立足资源禀赋与市场需求，探索产业发展模式，推动汕头乡村地区产业发展。

1)产业发展模式

(1)农业强势型产业发展模式

汕头是农业大市,基于大部分乡村以农业生产收入为主,所以以农业发展为切入点,打造强农产业发展模式,整合土地资源,提高土地利用效率,壮大农业发展。例如,东北地区作为我国主要农产品的供给"压舱石"与市场"稳定器",保障着我国的粮食安全。2021年,东北地区粮食产量占全国粮食总产量的21.15%,粮食商品化率大于60%,粮食调出量占全国的30%以上。东北地区形成了以中部松辽平原为集中地域的粮食生产基地(以玉米、大豆、水稻为主)和深加工龙头企业群,以集中饲养鸡、牛、猪、鹅等为主体的畜产品加工龙头企业群;北部及三江平原以绿色生态农业为主的生产加工基地;东部山区以药业、蔬菜、水果加工为主的山特产品加工基地;西部以生态草原畜牧产品生产为主的加工基地[8]。东北地区由于地势平坦、气候湿润以及得天独厚的黑土地优势,同时因为地广人稀,机械化率高,所以农产品消耗少,产品率高。在此基础上,东北地区还充分利用龙头企业对农业产业发展的带动作用,围绕龙头企业建设标准化生产基地,立足资源禀赋合理布局,通过政府构建企业与基地的联系桥梁等一系列举措,推动东北农业市场在国内外市场中形成一定的竞争优势。如黑龙江农垦已基本接近现代农业化标准,垦区发展以农业企业化为主,推动农业机械化、产业化、科技化发展,加快农业资源整合,优化产业结构,带动黑龙江地区农业发展(图4-4)。汕头市乡村发展走强农业型产业发展模式,需要结合自然、社会经济、区位、市场等各种因素确定农业发展方向,因地制宜地发展农业。例如,潮南区雷岭镇可以围绕荔枝开展特色农业,潮南区红场镇可以发展青梅和茶叶等,从而实现区域内经济、社会与生产效益的统一。

图4-4 现代农业标准化农田

（2）拓展功能型产业发展模式

汕头乡村产业发展的现状问题是产业结构单一。功能拓展型产业发展模式在稳定农业发展的基础上，通过拓展产业功能、产业发展边界，推进农业与旅游、文化、教育、医疗等产业融合，促进汕头乡村三次产业融合，构建产业新业态以满足产业市场需求（专栏4-3、专栏4-4）。

专栏4-3　关于《农业农村部关于拓展农业多种功能　促进乡村产业高质量发展的指导意见》（农产发〔2021〕7号）的要点及解读

到2025年充分挖掘农业多种功能，彰显乡村多元价值，提高农业质量效益和竞争力，形成以农产品加工业为"干"贯通产加销、以乡村休闲旅游业为"径"融合农文旅、以新农村电商为"网"对接科工贸的现代乡村产业体系，实现产业增值收益更多更好惠及农村农民，共同富裕取得实质性进展。要坚持立足特色、市场导向；立农为农、链条延伸；绿色引领、功能拓展；科技赋能、平台支撑原则。

紧扣"粮头食尾""农头工尾"，以农产品加工业为重点打造农业全产业链，推动种养业前后端延伸、上下游拓展，由卖原字号更多向卖制成品转变，推动产品增值、产业增效，促进联农带农和共同富裕。

专栏4-4　拓展功能型产业发展模式案例

以农产品加工带动农民增收致富的湖北省潜江市华山水产食品有限公司。潜江市华山水产食品有限公司主要以加工出口淡水小龙虾为主，是一家农业产业化国家重点龙头企业、高新技术企业。公司通过流转整治土地，打造高产高效农业基地，再将整治好的土地"反租倒包"给农户，形成了农民增收、企业增效的良好格局。

以乡村文化创意休闲旅游模式为主要发展方向的北京古北口村。古北口村位于北京东北部，素有"京师锁钥""燕京门户"之称。古北口村的自然资源丰富、历史文化悠久。古北口村以历史文化特色、少数民族文化特色（回族、满族）以及红色文化资源为核心发展文化创意旅游业，以"政府主导＋企业开发＋农户参与"的运营模式，开展观光、采摘、农家乐、探险等休闲项目，实现北京古北口村的乡村振兴。

以"电商＋旅游"发展模式为主的山西阳城县，打造国家全域旅游示范区。山西阳城县立足县域特色产业，打造以农带旅、以旅促农、文旅结合的农旅文电商融合发展模式。一是下好"先手棋"，立足当地文化旅游资源、交通资源等优势，着力发展旅游业；强化顶层设计，建立健全电商与文化旅游融合发展规划体系，积极推动电子商务与文化旅游业深度融合，大力推进农产品上行和品牌打造，构建市场共拓、资源共享、产业共同优化升级的旅游产业发展格局；强化公共服务体系建设，依托功能区域，建设集咨询、展示、预订、交易于一体的"电子商务＋智慧旅游乡村"的综合服务平台。二是筑牢"基础桩",打造公共品牌,同时研发公共产品,优化产品供应链,借助"互联网＋智慧旅游"发展新模式,整合乡村旅游资源,构建阳城全域旅游。三是激发"活因子",发展地方特色产业,拓宽销售渠道,加快全域融合发展。

（3）延长产业链条型发展模式

阻碍农村产业发展的壁垒是产业链条短缺。延长产业链条,加快形成产业集群,建设产业园区,继而承载延伸的产业链条,形成良性循环;利用产业优势招商引资,引进龙头企业,充分调动人、物、地、资本、政策等资源,建设产业基地;加快产业链条发展,提供政策、技术以及服务支持,营造营商软环境,提升政府管理职能,做大做强特色产业,形成生产加销售一体化的生产经营格局。

2020年7月,中国共产党山东省第十一届委员会第十一次全体会议正式宣布"山东省全面推行'链长制'……培育开放型产业链",对于稳定区域经济运行、促进产业链上下游融通协同发展,具有重要的现实意义和较强的借鉴意义。2020年9月,菏泽市政府发布《关于实行重点产业"链长制"的通知》,聚焦全市"231"产业体系,重点打造生物医药、高端化工、农副产品加工、机电设备制造、新能源、新材料、新一代信息技术、医养健康、现代物流九条产业链,全面实行市级领导挂帅重点产业链长机制。济宁市按照"专人、专业、专责"的原则,成立产业链推进工作专班,全面建立"一名链长、一个产业链、一个团队、一套工作机制、一抓到底"的长效机制。2020年9月,聊城市冠县根据区域产业发展特点,梳理出九条重点产业链,整体推进产业链培育发展。淄博市沂源县推出链长制和链主制,根据沂源县发展实际围绕六条特色产业链巩固延伸传统产业,培育壮大新兴产业,分类分业施策、有序推进。2020年10月,由济南市委书记主持召开"链长制"工作专题会,按照市委市政府实施产业链"链长制"的工作要求,全面掌握各产业链发展情况,研究解决发展中所遇到的困难和问题,加快重点领域"建链、补链、强链、延链,努力推动各产业链做大做强"。2020年11月,德州市出台《德州市新型工业化强市建设三年行动计划》,确定构建"541"产业体系的发展思路,详细制定了三年发展目标,在33个重点产业链建立"链长制"⑬。

（4）区域发展型产业发展模式

区域发展型产业发展模式依托当地资源,培育发展优势产业。例如,山西省将"一村一品""一县一业"作为推动县域产业发展的抓手,形成具有山西特色的农产品经营模式,推动地区品牌化发展。再如成都五朵金花休闲观光农业区,锦江区围绕五个村子,立足资源禀赋,发掘村庄优势产业,形成"一村一品一业"的产业发展模式:红砂村主要发展小盆、鲜切花与旅游产业,赋予"花乡农居"的雅号;

幸福村围绕梅花文化与梅花上下游产业链,发展旅游观光产业;江家堰村采用认种方式延伸多种运营方式,实现城乡互动;驸马村以菊花为主导产业,与其他四个村庄有一致性的同时也发展自己的特色产业;万福村以艺术创作和音乐开发为切入点,发展特色文化产业。"五朵金花"各具特色,功能互补,错位发展,避免了低水平重复建设的浪费以及市场上的恶性竞争[19]。

(5) 集体带动型产业发展模式

传统农业由于规模小、市场化程度低,已不适应现代经济运作模式。2012年,中央农村工作会议中首次提出"新型农业经营主体"的概念,并提出"培育新型农业经营主体,发展多种形式的规模运营,构建多元的新型农业经营体系"。2022年,农业农村部编制了《新型农业经营主体和服务主体高质量发展规划(2020—2022年)》,对家庭农场、农民合作社、农业社会化服务组织等新型农业经营主体和服务主体的高质量发展做出了具体规划。活跃在乡村的乡镇基层组织、社会组织、集体经济组织,以及乡村能人、返乡创业人员等逐渐形成新的经营主体。与此同时,乡村经营主体的多元化也激活了乡村新的增长空间。

2) 乡村振兴模式

(1) 村集体主导模式下的乡村振兴建设

村集体作为乡村土地的所有者和村民利益的代表者,是村民个体与各级政府、各类企业等主体之间联系的纽带,在乡村振兴的实施过程中,无论是哪种发展模式和路径,村集体大多起着举足轻重的作用。由村集体主导的乡村振兴,在江苏、浙江等东部发达地区发展得较为成熟(图4-5)。

"千里之行,始于足下",这种模式下的村落有一个共同点,即它们从默默无闻、无人问津的"普通村"走向游客纷至沓来、各村争相效仿的"网红村",第一步的发展蜕变均来自村集体的撬动,在土地、资金等方面为后面几步的发展奠定了良好的基础,之后的种种,无论是上级政府的支持还是专业运营公司的引入,都是锦上添花。在多元主体的建设

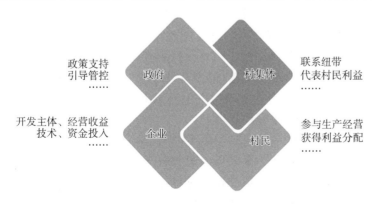

图4-5 村集体主导的乡村振兴

运营过程中，村集体是在土地、资金等要素和政府、企业、村民等主体之间穿针引线的纽带。

浙江省安吉县鲁家村的蜕变是村集体主导模式下乡村振兴的典型代表[9]。安吉鲁家村位于递铺镇的东北部，如果在 2015 年以前提到鲁家村这个名字，相信很多人并不知道这个村庄的存在，这时它还是又穷又破的"四无产品"，即没有名人故居、没有古村落、没有风景名胜，更没有特色产业，就是一个毫无记忆点的落后村庄。而今，鲁家村已经发展成为村集体资产达到 2.9 亿元的首批国家级田园综合体试点、全国乡村振兴示范村。

2011 年，朱仁斌带着建设家乡美丽田园梦回到了他的家乡，担任起了鲁家村村支书的职务。刚上任的朱仁斌就在安吉县大会上被上了一课。鲁家村环境过于脏乱差，"荣获"安吉县 187 个村庄卫生检查倒数第一的"好名次"。为了避免再次被点名批评，村干部开始准备全村村容整治。然而，环境的改变并没有想象中容易，村集体账户的 6 000 元甚至给每家每户提供一个垃圾桶都做不到，更何况村庄整体村容整治。再者，即便资金充足，怎样说服村民去保持村容整洁也是一个问题。在唤醒村民主人翁的意识上，朱仁斌和他的同事们下了很大功夫。

2013 年，朱仁斌受到《中共中央 国务院关于加快发展现代农业进一步增强农村发展活力的若干意见》（中央一号文件）中"家庭农场"的启发，冒出了利用鲁家村万余亩低丘缓坡发展农场的想法。为了实现鲁家村家庭农场这一条件，朱仁斌借助各方力量，拉拢自己的生意伙伴、朋友，召集了 20 多位乡贤回到鲁家村担任美丽乡村顾问，最终筹集到 300 多万元捐助，以 4A 级景区要求邀请专业团队做鲁家村全域乡村规划。鲁家村以"村＋公司＋农场"的创新经营模式，用小火车串联了 18 家家庭农场，为乡村引入工商资本超 20 亿元，村民人均收入提高到 4.71 万元。

2021 年，受新型冠状病毒感染疫情反复因素，鲁家村旅游商业受到了重创，18 家家庭农场仅剩 6 家在坚持营业。为了破解疫情对旅游产业的冲击，朱仁斌面向本村及周边乡村提出暑期夜游项目，同时与邻村合作打造漂流水道，联合周边乡村发展鲁家村田园模式。在产业创新上，开展针对学生的产学研之旅。同时，为了避免鲁家村对旅游产业的过度依赖，朱仁斌抓住 2021 年世界粮食安全日这一契机，将鲁家村打造成为全国粮食安全宣传教育基地，引进中药材和种植产业，发展中药康养，为鲁家村的发展开拓了新的商机。

从较贫困的传统农业村到美丽乡村精品示范村，再到全国首个家庭农场集聚区，如今则成为国家级田园综合体试点，鲁家村在几年时间实现这"三级跳"的巨变，关键在于村集体在发展初期阶段对政策的精准对接、对集体土地的有效盘活、对环境的整治等一系列行动，以及之后在建设、运营等方面发挥的持续作用（图 4-6、图 4-7）。

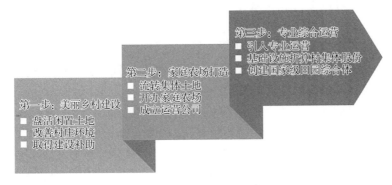

图 4-6 鲁家村发展时序

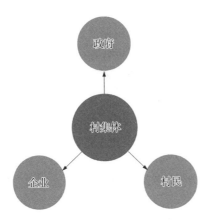

图 4-7 村集体主导的乡村振兴模式

（2）企业主导模式下的乡村振兴建设

企业开发并主导的模式也是一种典型的乡村振兴模式（图 4-8）。企业开发带来的资金、资源、技术等优势成为这类乡村发展的关键因素，也是他们区别于传统乡村的重要组成部分。

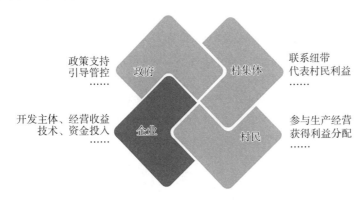

图 4-8 企业主导的乡村振兴

企业主导的乡村振兴模式至少要实现以下两点才称得上成功：第一是开发企业通过地产类项目和文旅类项目等取得相应盈利；第二是当地村民能够积极参与其中，通过劳动报酬或分红等方式获得自己的收益，进而带动当地产业经济发展。企业与当地村民共同获利、经济利益与社会利益相得益彰，才能真正带动乡村振兴。

无锡田园东方[20]是企业主导模式下乡村振兴模式的典型代表（图4-9）。北京东方园林环境股份有限公司创立于1992年，是中国园林行业的第一家上市公司，是一家从事景观设计、主题公园等多个业务板块的全产业链公司。该公司于2013年投资50亿元在无锡市惠山区阳山镇水蜜桃之乡开发中国首个田园主题旅游度假区项目。

不同于村集体主导模式下村庄建设者对于乡村条件的"不设限"，企业主导模式下的乡村振兴遵从"量兵相地"。正如无锡市惠山区阳山镇水蜜桃之乡区域内的交通发达，有桃园、古刹、大小阳山及地质公园等优质的生态自然景观，且位于长三角经济圈。便捷的交通、优质的自然环境以及丰富的农业资源和田园风光才能吸引北京东方园林环境股份有限公司在此投资开发。

该项目涉及农业、文旅、房地产、投资四家不同分工的公司，四家公司分别对接政府和其他主体的不同资源。该项目提出了"农业＋文旅＋社区"的发展模式，以产品和运营为驱动、文化旅游产业为核心，带动乡村振兴。该项目包含现代农业、休闲文旅以及田园社区三大板块。规划现代农业主要基于"水蜜桃之乡"的农业资源，深挖水蜜桃衍生品，提升产品附加值，打造四园、四区、两中心。创新休闲文旅发展思路，引入清境拾房文化市集、华德福教育基地等合作资源。以新田园主义空间理论为指导建设田园社区，打造现代都市人的梦里桃花源。

该项目主要是以企业和地方合作的方式打造田园综合体经济，帮助乡村进行整体的、综合的规划、开发以及运营。在乡村自身拥有一定潜力的情况下，企业注入足够的资本，同时在土地收储、政策补贴、基础设施建设等方面也获得了各级政府的有力支持，最终实现乡村现代化和新型城镇化联动发展，实现乡村振兴，为乡村人口回流创造条件。

图4-9　田园东方发展时序

(3) 政府主导模式下的乡村振兴建设

政府作为宏观上的掌控者和引导者，在乡村振兴过程中具有重要作用，除了在各个阶段给予不同的政策支持之外，还包括资金投入、基础设施建设、方向引导等。由政府主导的乡村振兴项目，在资金供给、进度控制等方面有着较大优势，政府的作用在乡村发展的初期尤为明显，且随着乡村振兴的逐步推进而深化，政府在不同发展阶段所起的作用也在逐渐发生转变，其他主体的参与融入程度也在发生着转变（图4-10、图4-11）。

南京市江宁区美丽乡村建设是由政府主导牵头的乡村振兴模式的典型代表[10]（表4-1）。如果深入了解会发现政府主导下江宁区三代美丽乡村从1.0到4.0逐步深化实践的三个关键问题：第一个关键问题是江宁区政府主导下三代美丽乡村的试点选择有哪些不同？第二个关键问题是在江宁区美丽乡村1.0—4.0的进化中，政府的角色和作用发生了哪些变化？第三个关键问题是政府主导下三代美丽乡村的典型村落，在营利模式方面有哪些不同？

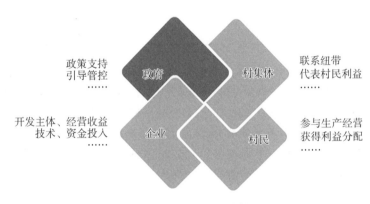

图4-10 政府主导的乡村振兴

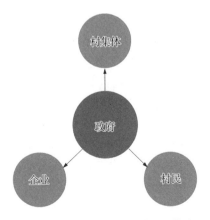

图4-11 政府主导的乡村振兴模式

表 4-1　政府主导美丽乡村振兴模式

类别	1.0—2.0 的第一代美丽乡村	2.0—3.0 的第二代美丽乡村	3.0—4.0 的第三代美丽乡村
试点选择	基础较好的散点	示范区规划，统筹平衡选点	系统化，全区覆盖
选择标准	前期发展较好、区位方便、自然资源丰富、人文资源丰厚，或有项目基础	遵循"规划先导、片区联动、资源导向、区位优势、内在驱动"的原则，首先由各街道筛选上报区级再选取	自下而上的示范村选点方式，先由村民大会讨论，讨论决定后上报街道，然后南京市规划和自然资源局会同南京市委农村工作委员会讨论后最终确定
政府角色	政府"主导"，重金投入	政府"引导"，适当放权	政府"服务"，完善机制
营利模式	政府补贴，营利点较单一（石塘村）	企业打包运营，集体资产稳定收益（汤岗村）	集体资产有效盘活，营利点多样化（公塘村）
营利点	农家乐经营性收入、政府补贴	经营性收入、房屋租赁收入、景区联动旅游服务收入、农业收入	经营性收入、文旅项目收入、文创空间租金、生态农业收入、旅游服务收入

江宁区美丽乡村 1.0 到 4.0 的蜕变，无论是试点选择的不同标准、政府角色的逐步转变，或是营利模式的各不相同，其根本目的都是乡村自组织内生动力的构建。随着江宁区美丽乡村建设工作的有序推进，在江宁区政府的主导和多元主体的努力下，以美丽乡村为基础整合资源，成功申报了江苏省第一个国家级田园综合体试点溪田田园综合体，在特色小镇培育方面也取得了不俗成绩，为政府主导的乡村振兴提供了值得借鉴的宝贵经验。

4.4.2　全面提升乡村人口素质

乡村发展要实现生态宜居、基础设施有改善、医疗有保障、教育有质量，以人民为中心的乡村可持续发展是关键。然而，现实的情况是，乡村人口外流基数增大，农村人口主要由老人、儿童和妇女构成，造成劳动力比例失衡（图 4-12）。因此，以农业为主的农村地区土地撂荒的现象越来越普遍，农村空心化、人口老龄化成为经济发展落后农村的常态。2011 年汕头市城镇人口首次超过乡村人口数量，城镇化率为 51.83%。2020 年汕头市第七次全国人口普查显示，汕头常住总人口为 550.21 万人，其中城镇人口为 389.02 万人、乡村人口为 161.19 万人，城镇化率达 70.70%，与 2010 年相比，乡村人口减少 8.78 万人[21]。大部分人都不愿意背井离乡，但是又不得不背井离乡！然而，乡村可持续发展最终还是需要靠人去实现。

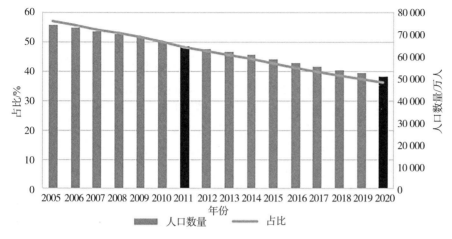

图 4-12　2005—2020 年中国乡村人口走势

我记得在陕西一个县城调研的时候问了当地工作人员一个问题："你们这里有人才引进政策吗?"那个人是这样回答我的："我们这穷乡僻壤的地方,哪有什么人才引进政策,即使有也没有人愿意过来。"我认为"人才"可以是本地的,也可以是外地的,还可以是在外学成回乡的。"人才"不一定是指高学历、高智商的人,"人才"是不带标签的,是可以在各个领域创造出价值的。找到聚才、育才、用才方法,全面提升乡村人口质量,提高乡村人口素质,是推动乡村振兴的重要一步。

1)发现"人才"

建立发现人才、挖掘人才的机制。通过走访、调研、推荐、调查问卷等方式挖掘人才。遵循"发现一个、培养一个、不放过一个"的原则,创建人才归类档案,对擅长农业、种植业、文化产业、经济产业等方面的优秀人员进行分类归档管理。例如,河南省夏邑县北岭镇验瓜师孙红凯,只需要用手拍一拍西瓜便能辨别出是不是"好瓜",经过辨别的西瓜再通过电商平台发往消费者手中。虽然品控方式相对落后,但是确保了夏邑西瓜的质量,提升了夏邑西瓜产品的口碑,推动了线上平台销售渠道的发展,实实在在地提高了瓜农收入,带动了当地人口就业。

此前,潮南区红场镇大溪坝村的地理位置偏远,交通不畅,导致年轻人多数外出打工,村里缺乏后继人才,村党支部委员会、村民委员会(简称"村两委")成员老化、虚弱,党组织的作用没有发挥出来。在示范创建的过程中,大溪坝村重视培养农村领导力,选派正直能干、乐于服务的优秀党员加入"村两委",其中大专及以上学历的干部占比达到50%。同时,该村以党员为先导,主动承担起讲好本地革命故事、弘扬红色文化、传承红色基因的任务。例如,村里老党员李木炎的父亲曾是大南山游击队的一名通信兵,作为革命后代,李木炎经常应邀担任红色导游。在区、镇、村党委的共同推动下,大溪坝村围绕提高组织力、展现新形象、引领价值观、走向致富路的总体目标,挖掘红色资源优势,激发乡村振兴活力，让曾经的革命老村日益焕发新的魅力、迸发新的生机[②]。

2）培育"人才"

提供针对本土人才的培养机制，主要针对本村的大学生、乡贤、村能人、青壮年劳动力等，开展培训业务，通过教育培训、学习课堂、学术交流、技术交流、研讨会、分享会等方式培育更多的技术型人才，不断壮大人才队伍。外来人才的引进需要立足主导产业发展，统筹规划稀缺人才资源，分重点培育稀缺技术人才、未来产业可能性人才、储备人才等，以助力产业兴旺发展。

3）留住"人才"

那么，如何留人呢？西村幸夫在《再造魅力故乡：日本传统街区重生故事》的中文版序中指出，"希望对待你所居住的城镇如对待长年的老友、年迈的骨肉亲人那样，用温柔的目光看待它"[11]。

(1) 提高收入水平，提供就业岗位才是关键

工作、收入往往是人选择在这个地区居住与生活的重要条件之一。人们为什么喜欢大城市，就是因为大城市可以产生更多的就业岗位，提供更多的就业机会。相比较之下，以农业生产为主的乡村，在户均5—6亩地（1亩≈666.7 m²）的条件下，年收入仅2万—5万元；而一位城市外卖员，不限学历，对年龄的限制相对宽松，月均收入却能在5 000—9 000元，且随着订单量的增加，收入也会增加。扩大就业岗位的源头还是要发展产业。一方面是从城乡产业融合的角度延伸乡村产业链，即在区域产业体系中找到补链的机会，借此扩大就业机会；另一方面是从城乡供需的角度丰富本地农业产业结构，推动特色农业、休闲农业等产业的发展，通过"乡村"服务业这个更大的劳动力蓄水池扩大就业机会。

(2) 整洁乡村环境，提高生活环境质量才是关键

乡村地区环境的脏乱差是大多数人对农村的刻板形象，而如今农村脏乱差的局面基本得到扭转，乡村地区普遍变得整洁有序，但与城市地区相比还有一定的差距。开展农村"厕所革命"，坚持方便实用、节能节水、保护环境的原则，推进农村厕所建设和改造；因地制宜地推广小型污水处理设施；深入开展农村污水和黑臭水体治理专项行动，科学合理、因地制宜地推进农村污水处理设施建设；活化特色公共空间；活化村落中现有的特色公共空间，包括古树及其周边的滨水空间、街巷空间、宗祠或寺庙前广场空间等。

(3) 改善公共服务配置，完善公共服务设施才是关键

城市与乡村最大的差异除了经济水平外，还有文化与科技水平的巨大差异。进城，或许是大多数生活在乡村地区的群众对他们子女的期望，因为进城意味着可以享受更好的教育资源、医疗资源等，并可以享受更多的生活配套服务。城乡公共服务均好化自然就要求加大乡村地区资源投入的力度，也可以通过城乡融合的手段成立"共同体"。

例如，通过医疗共同体将更多城市的优质医疗资源引入乡村，让村民看病不用长途奔赴城市，而是借助轮流驻村的医生、凭借互联网资源等就近看病；通过教育共同体可以将城市的教育资源引入乡村，乡村学校可以和城市学校形成互促帮扶发展，既可以通过师资下乡的方式让乡村的孩子享受更好的教育条件，也可以通过学生间的交流让城乡的学生充分理解和感受城乡广阔的天地。

(4) 完善基础服务设施，打破乡村地区发展"断头路"是关键

"要想富，先修路"，应统筹城乡交通，完善乡村地区的道路交通体系。解决基础设施薄弱、道路网密度偏低、公共交通在乡村地区渗透率较低的问题；充分利用本地资源，因地制宜地选择路面材料，鼓励特色乡村道路建设；拓宽村道与优化道路，成片对农村公路提品质补功能。

(5) 完善农村保障机制，建立健全组织机构是关键

农村保障机制对比城市而言还有一定的差距。如养老问题，随着城市"抢人"政策的公开和城镇化进程的推进，农村空巢老人数量不断增多。2009年，为了保障农村人口的养老问题，农村养老保险面向农村地区村民开始推行。在国家设定12个档次的基础上，各个地区根据自身经济情况给予相应的补贴，"老有所养"的目标进一步实现，但与城市之间还有很大的差距。"故人不独亲其亲，不独子其子，使老有所终，壮有所用，幼有所长，矜寡孤独废疾者皆有所养"[23]。如何缩小城乡养老金的差距，提供更大的养老保障，解决乡村居民主要担心的问题才是首要的。除了保障机制，还需明晰乡村分级管理体制机制，提供村信息档案、村服务平台、益农信息社等便民服务，力争做到"服务于民、问计于民、问需于民、问政于民"（专栏4-5）。

专栏4-5　融水苗族自治县三百尧告苗寨人才振兴案例[24]

"2021年中国乡村振兴人才论坛"在北京举行，融水苗族自治县三百尧告苗寨的乡村文化振兴"尧告模式"成功入选"2021年中国乡村人才振兴优秀案例"。乡村文化振兴"尧告模式"，以拉鼓文化博物馆建设为平台，统筹乡村域内和域外两种资源，汇聚在家务农和外出务工两类人才，通过引智外部专家顾问等建立博物馆理事会法人治理结构，以民主集中制建立融水苗族拉鼓文化博物馆管理委员会，组建博物馆管理班子、非遗传承人队伍、拉鼓文艺队、文化旅游服务中心等十大团队，创新乡村文化旅游人才队伍培养方式，汇聚乡村人才振兴力量，赋能乡村公共文化和旅游发展。

4.4.3　全面提升乡村生态品质[25]

汕头市城乡二元化最直观的问题是基础设施与公共服务上的差距。

2019年全市沙土路面的农村公路占比近三成，农村光纤接入用户数量仅占全市的25％，自来水并未全部覆盖各个村落，农村教育卫生力量薄弱，农村民生保障水平偏低。农业农村振兴发展，必须加快农村基础设施建设和公共服务提档升级。为全面实现汕头乡村振兴，在前三年的基础上，通过进一步的系统提升，在五年内见到显著成效。在面子上，要通过后两年的努力，整体改善汕头乡村地区的人居环境。针对汕头市现存的割裂并混杂的半城半乡空间景观和城市化水平低等问题，为减轻低水平工业发展带来的环境重压，借鉴浙江省"千村示范、万村整治"的工程经验，以区（县）为责任主体，在汕头全域乡村地区推进农村人居环境整治，建设生态宜居美丽乡村[②]。通过"厕所革命"、水环境整治和乡村绿化美化等，建立健全长效保洁管护机制。同时，要全面提升乡村基础设施建设，包括完善文体设施、医疗设施和商业设施等，充分改造和利用特色公共空间，提高农村居民幸福感。

首先，必须扎实推进农村"厕所革命"。"厕所革命"是一项民生工程，更是一项民心工程。要深入推进农村"厕所革命"，不断普及传统农厕缺点，尊重群众意愿，不做"面子工程"，而是"把好事办好"，要让群众真正参与进来。其次，全面提升农村生活垃圾污水治理水平。曾经的乡村垃圾随意倾倒，导致河水污染严重，各类垃圾混合粗暴焚烧，既没有完全处理掉垃圾残余，又对生活环境造成了一定的污染。针对生活垃圾，要采用集中处理方式，集中投放至分类垃圾箱，防止乱堆、乱丢、乱放；集中对农村垃圾进行填埋，不允许私自焚烧；集中对农村垃圾进行加工处理，将垃圾堆肥施到农田；当然，防止生活垃圾乱丢的前提是提升村民素质水平，培养村民主人翁意识，使其养成环保意识。最后，推动村容村貌整体提升。对已建建筑进行整治，不搞大拆大建，不搞千村一面；政府引导村民对公共空间进行升级改造，深入开展村庄绿化美化活动；尊重自然基底，挖掘历史文化资源，借鉴传统文化发展理念，塑造具有地方特色的乡村面貌。

如潮南区峡山街道潮东村，潮东村以改善村庄人居环境为主要目的，以落实整治及建设项目为导向，以点带面，重点突破，逐步推开，不断美化人居环境和生态环境，逐步提高村民文明素质和增强村民环保意识。加强建设管理，整体推进，打造环境优美、生态和谐、村容洁净、道路畅顺、配套完善、具有潮汕特色的现代化村庄。根据潮东村实际情况，"四边三化"行动范围为以路边、河边、村边、山边为主的"四边"区域。截至2022年底，全村范围内的乡道、村干道两侧可视范围内的"脏乱差"问题得到全面治理，村庄周边及河流、沟塘岸边的裸露垃圾得到有效清理，市场、公园、广场、学校等公共区域的"脏乱差"现象得到有效整治。打造潮东村干净整洁、具有乡土气息的村容村貌，使潮东村村民环境卫生意识和生活品质有了明显提高（专栏4-6）。

> **专栏 4-6　《汕头大力发展乡村"美丽经济"　连线成片打造"绿净美"农村》摘录**
>
> 自从汕头在全省率先开展"百村示范、千村整治"美丽乡村建设以来,农村面貌发生翻天覆地的变化,一大批"绿净美"农村陆续亮相,群众获得感、幸福感大幅提升……我市美丽乡村建设迈向"提档升级",注重在乡村风貌塑造上下"绣花"功夫,以点带面,连线成片,提速省级新农村连片示范建设,积极引导各地建设乡村风貌示范片,打造农村形态之美,让乡村"美丽经济"更具活力。
>
> 从"三清三拆"专项行动,到"百日攻坚""垃圾不落地"等集中行动,再到村庄清洁行动,一场场声势浩大的战役,向全市农村地区迅速铺开。在开展美丽乡村建设中,我市把农村人居环境整治作为第一场硬仗,通过一系列整环境、补短板、促发展行动,解决了一批群众反映强烈的环境突出问题,探索了一整套适合汕头实际的有效做法,形成了一系列务实管用的工作机制,实现农村人居环境从"脏乱差"向"绿净美"转变。目前,全市 873 个村(涉农村居)、1 157 个自然村,已全部完成村庄整治规划编制,100%完成"三清三拆三整治";672 个行政村达到省干净整洁村标准。

1) 推进村道边洁化绿化美化

以村庄对外道路沿线整治为重点,依法彻底对村庄内部的"脏乱差"环境进行全面整治。全面推进村庄对外道路绿化工作,实施道路—居民点段式植树绿化,提升绿化美化水平,形成公路沿线的生态绿色景观。全面清理村庄对外道路沿线乱堆乱放的生活垃圾、建筑垃圾,消除建筑控制区内外的"白色垃圾",提高公路沿线环境的洁化程度,做到可视范围内无垃圾、无污染。同时拆除或清理村庄对外道路沿线的违法建筑、违法搭建、废弃建筑物、地面构筑物、桥下违法堆积物及设施;清洁和美化沿线建筑物立面。

2) 推进河道水塘洁化绿化美化,以河流整治为重点,提高水体自净能力,恢复河道自然生态功能

以河流整治为重点,提高水体自净能力,恢复河道自然生态功能。加强河流、水塘等村庄水体的生态修复,对村庄内水体进行水系疏通、截污控源、清淤疏浚、清障拆违、岸坡自然化生态化整治、岸边绿化。近期重点对村内河流进行清淤、步道建设、违建拆除、美化绿化,打造环境宜人的乡村滨水景观带。加强村庄内部综合管理,建立长效管护机制,扎实推进水体保洁、水体保护、驳岸管养、绿化养护等监管工作,巩固水体生态建设成果。

3) 基本农田管控

确定永久基本农田后,不允许任何单位和个人私自占用或私自改变用途。重要建设项目选址如果无法绕开永久基本农田的,必须按照法律

规定进行用地预审、农地转用和土地征收。永久基本农田外的农业空间应当限制开发。

4）生态红线管控

生态控制线一经划定，不得擅自更改。生态控制线范围的国土空间开发利用活动，按一级管制区、二级管制区的要求，实施严格的分区管制。生态控制线的撤销及其性质、范围、界限和管控等级的调整或者改变，按原批准程序进行。在农村建设管理上，一级管制区内的原农村居民点除历史文化名村或者其他确需保留的特殊村庄外，应当逐步在一级管制区外进行异地统建，从而使其原用地恢复生态功能。按照规划要求确需保留的历史文化名村或者其他特殊村庄，应当遵循用地规模、建设规模不增加的原则，严格控制建筑高度、密度和体量，并制定详细规划，经市城乡规划行政主管部门会同有关部门审核公示后，报市政府批准。鼓励二级管制区内的原农村居民点在生态控制线范围外进行异地统建，确需在二级管制区内建设的，应当按照相关规划要求进行集中建设。

4.4.4　全面提升乡村文化内涵

2022年4月8日，《文化和旅游部　教育部　自然资源部　农业农村部　国家乡村振兴局　国家开发银行关于推动文化产业赋能乡村振兴的意见》（简称"《意见》"）指出，推动文化产业赋能乡村振兴要把握好四个原则。首先是文化引领、产业带动。要以社会主义核心价值观为引领，推动文化产业资源要素融入乡村经济社会发展，挖掘提升乡村人文价值，培育乡村发展新动能。其次是农民主体、多方参与。农民是推动乡村振兴的主体，要充分尊重农民意愿，切实调动农民的积极性、主动性和创造性，把维护农民根本利益、促进农民共同富裕作为出发点和落脚点，加强对乡村本土文化人才的培育和支持。再次是政府引导、市场运作。要坚持有为政府和有效市场相互促进，充分发挥市场机制作用，调动市场主体积极性，以重点产业项目为载体，促进资源要素更多向乡村流动，以产业"活水"变输血为造血。最后是科学规划、特色发展，防止盲目投入和低水平、同质化建设，保护好村落传统风貌，留得住青山绿水，记得住乡愁，推动乡村经济社会更高质量、更可持续发展⑤。《意见》提到，文化和旅游部会同相关部门，综合考虑现阶段乡村经济社会发展需要、文化资源禀赋，将主要从创意设计、演出产业、音乐产业、美术产业、手工艺、数字文化、其他文化产业和文旅融合八个重点领域赋能乡村振兴。

汕头是一个有着深厚文化底蕴的城市，是汉文化与百越民俗文化以及外来文化相融合的结晶，潮剧、潮乐、潮菜与工夫茶都富有浓郁的地方特色。2021年初，汕头印发了《汕头市加强历史文化保护和利用实施"八个一批"工程方案》，提出搭建一批平台、打造一批街、建设一批馆、出版一批书、编排一批戏、做好一批考古项目、实施一批文物保护工程、树立一批惠民文化品牌。其中,"打造一批街"则聚焦以小公园开埠区为重点的老城区的改造提升,采用"分片实施,重点示范"的策略,分步以街区为修复单元,循序渐进开展活化利用,以文化、产权、工程为导向,用"绣花"功夫整体打造一个精细的历史文化街区⑦。汕头乡村文化体系的构建有助于充分挖掘汕头传统文化,建立文化自信,培育文明和谐的村风民风,还有助于提升乡村综合能力,提升乡村宣传影响力,同时推动乡村经济发展,实现乡村振兴。

4.4.5 全面提升乡村治理能力

目前汕头乡村固有的自发性等特点,在一定程度上反映了乡村治理能力存在一些缺陷。针对这些问题,一要健全乡村党组织体系。强化农村基层党组织领导核心地位,把农村基层党组织建成坚强的战斗堡垒[12]。明确农村党组织对村民自治组织、经济协会等基层组织的领导,及各自的职能和机制安排。二要实施基层党组织"头雁"工程。响应《中共广东省委 广东省人民政府关于推进乡村振兴战略的实施意见》等省级文件要求,以配强配优农村党支部书记为重点,实施"农村党员人才回乡计划"。三要健全自治、法治、德治相结合的乡村治理体系[13]。规范引导村民自发组织,制定村规民约指引,发挥村规民约在乡村治理、村内公益事业和公共设施建设管护中的重要作用[14];开设法德讲堂,引导农民增强尊法学法守法用法意识[15];提升乡村德治水平,深入挖掘乡村熟人社会蕴含的道德规范,结合时代要求进行创新,强化道德教化作用[16]。规划通过10年的努力,建立健全党委领导、政府负责、社会协同、公众参与、法治保障的现代乡村社会治理体制,完善基层党组织领导下自治、法治、德治相结合的乡村治理体系,确保乡村社会充满活力、安定有序⑧。然而,自治、法治、德治相结合的乡村治理体系表明治理乡村不能靠单一方面的行动,需要乡村首先对自我管理进行调整与约束,其次依照法制法规合理地、有方向地在规定范围内进行治理,最后强化道德涵养,把社会公德、职业道德、家庭美德和个人品德融入乡村治理体系中(专栏4-7)。在汕头的乡村自治过程中,要以道德要求为支撑,坚持社会主义核心价值观,推进乡村治理现代化。

专栏4-7 《2021年农业农村部乡村治理典型案例推荐集中点及推荐目的》摘录

一是重庆市的渝北区、湖南省涟源市等10个案例,介绍了他们运用清单制创新乡村治理方式、减轻村级组织负担、规范小微权力这些方面的一些做法。

> 二是吉林省长春市双阳区、浙江省武义县等10个案例，介绍了他们通过强化农村基层党组织建设、发挥党员先锋模范作用、完善现代乡村治理体制的一些做法。
>
> 三是广东省的蕉岭县、甘肃省高台县等10个案例，介绍了他们通过探索自治、法治、德治融合路径，健全乡村治理体系的做法。
>
> 四是像北京市怀柔区、辽宁省新宾满族自治县等8个案例，介绍了他们通过保障民生服务、强化治理支撑、提升治理能力的做法。

1）摒弃陈规陋习，提倡文明风尚

2022年，四川省凉山彝族自治州布拖县乐安镇召开深化移风易俗工作暨"娃娃亲"婚姻解除协议签订仪式，解除"娃娃亲"399对。"娃娃亲"的存在束缚了当代年轻人自主追求婚姻的自由，社会矛盾隐患突出，解除"娃娃亲"是建设社会主义文明社会的必要措施。山东地区婚礼攀比严重，婚丧大操大办，为了建设美丽乡村的需要，多措并举抵制落后文化侵蚀，倡导喜事简办、文明祭扫，弘扬时代新风气。低俗婚闹是近几年互联网讨论的热点话题，结婚本身是一件喜庆的事情，有些人却把婚闹当成胡闹，甚至引发悲剧。2015年，河南郑州一新郎的父母被满脸涂鸦并头戴牛轭拉着婚车走；2016年，重庆一公公胸挂"天下第一烧火佬"的牌子游街，用板车拉儿媳妇回家；2017年，陕西西安某伴娘被两名男子借着婚闹的名义实行猥亵；2019年，湖南邵阳一新郎被鞭子抽打甚至在伤口撒盐等新闻一直没有间断，不文明婚闹行为该休矣。摒弃陈规陋习、提倡文明风尚是现在社会精神文明发展的需要，根据乡村治理需要，健全村规民约，提出激励与举报机制，引导广大群众提高自我管理、自我约束、自我教育、自我服务能力与水平，杜绝陈规陋习引发悲剧的可能。

2）多元主体合作共治

乡村治理主体可以分为内部型主体、外部型主体及内外联合型主体三种类型。"谁来治理"指向主体维度，"依何治理"指向规范维度，"如何治理"指向运行维度[17]。

（1）建立健全乡村党组织构建

必须立足乡村发展需要，解决部分基层党组织"软、弱、涣、散"问题，提升基层党组织管理能力，推进乡村振兴。只有建立起科学高效的乡村基层组织体系，乡村治理才会有坚实的领导力量。加强农村基层干部管理，利用新技术、新方法、新理念提升基层管理者的治理能力和水平，推动乡村基层组织的治理能力创新，实行"村两委＋乡贤＋村民代表"乡村治理议事机制，构建"村党组织＋乡贤＋村民"的乡村治理新模式，以人民为中心，解决人民迫切需要解决的问题，实现乡村善治。

（2）实施基层党组织"头雁"工程

2018年，广东省委办公厅印发《广东省加强党的基层组织建设三年行动计划（2018—2020年）》，部署实施"头雁"工程，建立健全基层党组织书记队伍"选育管用储"全链条建设机制，以基层党组织书记为重点，全面提升基层党员干部队伍素质。2021年，广东省委办公厅印发的《广东省加强党的基层组织建设三年行动计划（2018—2020年）》中提出，继续深化基层党组织"头雁工程"，全面实施村（社区）党组织书记县级党委组织部门备案管理，全面落实村（社区）两委成员资格联审机制，选拔优秀村（社区）党组织书记进入乡镇（街道）干部队伍等。广东省英德市连江口镇连樟村实施"头雁"工程后，乡村景色变好了，经济增长了，人均收入提高了，领导组织号召力变强了，形成了推动乡村振兴的"雁阵效应"。在包括潮汕农村地区在内的广大乡村地区，依靠党的领导，走群众路线，让乡村能人发挥带头作用，通过结对帮扶、走共同富裕的道路。

（3）鼓励社会力量参与，提升政府治理能力

社会组织，尤其是潮商商会、行业协会等大型民间机构，在旅游推介、人才吸引、平台搭建等方面，也可依托其信息和资源优势，起到巨大的助推作用。通过巧借民间力量做出探索：利用商会吸引潮商回乡反哺，借力协会提升产业影响力、促进区域产业联动，依托"长老会"等传承文化遗产等。同时，潮南实践也为其他同样具备特色文化的地区提供了一条可行的产业升级之路。

潮商资源是汕头的特色，也是推动汕头乡村振兴的宝贵资源和优势。要认真做好引导发动工作，通过商会组织鼓励支持在外的潮商企业特别是涉农企业到农村打造一批"微乡创"项目，如建设施、出点子、做运营、建联盟、建平台等，进而推动乡村产业振兴。

一是建设施。借力潮汕商会组织的强大人脉资源，引导在外潮商通过投资、捐助、认购、认建等形式，参与村庄基础设施和公共设施的建设和改造，参与整村或连线连片乡村建设。

二是出点子。鼓励潮商和乡贤参与村庄规划设计或提供咨询服务，为汕头乡村振兴提供金融服务和智力支持。例如，潮南区拥有全国唯一的区级发展基金会，并于2013年成立了潮南区发展咨询委员会，吸引众多海内外潮籍知名人士成为委员，每年在其清明返乡祭祖的时候，都会组织委员们对家乡发展出谋划策，提供智力支持。

三是做运营。对政府主导、财政支持的农村公益性工程，引导商会企业和社会组织参与建设、管护和运营[20]，通过提供软性服务，打造系列"微乡创"项目。

四是建联盟。针对本地专业镇产业升级诉求，借助潮汕商会等社会组织的内部协调，打造特色产业联盟，通过差异化的市场定位，构建良好的上下游合作关系[21]，规避区域内部同质竞争，促进本地乡镇企业发展。如潮汕地区已形成了多个专业化的纺织服装重镇——汕头市潮阳区的针织内衣、潮南区峡山街道的家居服、普宁市的衬衫T恤、潮州的婚

纱晚礼服等。汕头市可充分发挥潮汕地区、广东省的商会、行业协会等民间组织的作用，协调引导潮阳区与普宁市、潮州市等地，在产品定位上形成差异化，但在基础设施、行业资讯提供、新技术引导、融资渠道引荐、地方政策争取等方面，则可进行资源的共建共享，实现联合作战，共同打造服装纺织产业联盟和集群。

五是建平台。积极引导潮商回乡建设产业服务载体类项目，提升市场竞争力，从而吸引更多的企业在汕头乡村地区投资。发挥农业供给侧结构性改革基金引导作用，撬动金融和社会资本更多投向乡村振兴。制定引导工商资本参与乡村振兴的政策意见，制定正负面清单，实现投资方、本地农民等多元参与主体共赢。

第4章注释

① 本章节部分观点源自《城乡融合视角下的汕头乡村振兴研究报告》，乔硕庆、陈易改写，袁雨龙校对修改。
② 参见《中共广东省委　广东省人民政府关于推进乡村振兴战略的实施意见》。
③ 参见中国侨网《海外潮汕侨胞对汕头经济建设贡献大》（2008年）。
④ 参见习近平：《决胜全面建成小康社会夺取新时代中国特色社会主义伟大胜利》，《人民日报》2017年10月28日，第1版。
⑤ 参见董谦君：《斗门打造全国乡村振兴示范样板》，《南方日报》2018年8月9日。
⑥ 参见金羊网《广州乡村振兴实施意见出炉　知识城周边五镇将建城乡融合示范区》（2018年）。
⑦ 参见南海融媒《3年大进展，5年显成效，10年根本改变！南海乡村将美丽蝶变！》（2018年）。
⑧ 参见胡新科：《县委书记要做好"一线总指挥"》，《南方日报》2018年6月13日。
⑨ 参见《中华人民共和国乡村振兴促进法》（2021年）。
⑩ 本节原作者为李晶晶，陈易、乔硕庆修改。
⑪ 参见《关于贯彻落实乡村振兴战略　推进美丽乡村建设的调查与思考（送审稿）》（2018年）。
⑫ 参见吴森林、杜公卿：《举全市之力推动乡村全面振兴》，《中山日报》2019年。
⑬ 参见求是网《在加快构建新发展格局中谱写中国经济奇迹新篇章》（2020年）。
⑭ 参见《汕头市农业农村局关于市级现代农业产业园建设指引》。
⑮ 参见中国发展网《高品质打造乡村振兴示范带》（2022年）。
⑯ 参见南京大学城市规划设计研究院北京分院《乡村振兴｜传统乡村发展下的模式探索》。
⑰ 参见《国务院关于促进乡村产业振兴的指导意见》。
⑱ 参见火石创造网《浅析山东省"链长制"推行现状及典型案例》（2020年）。
⑲ 参见搜狐网《农家乐变4A景区，揭秘"五朵金花"乡村振兴的秘密》（2020年）。
⑳ 参见搜狐网《中国首个盈利的田园综合体—无锡田园东方（深度剖析）》（2021年）。
㉑ 参见汕头市第七次全国人口普查数据。
㉒ 参见汕头市潮南区委组织部：《大溪坝村：深挖红色资源优势　激活乡村振兴动

㉒ 能》,《党建》2021 年第 12 期。
㉓ 参见《礼记·礼运篇·大道之行也》。
㉔ 参见人民网《柳州尧告：以拉鼓博物馆建设为平台 打造乡村文化旅游人才小高地》（2021 年）。
㉕ 本节作者为乔硕庆、陈易，部分观点源自《汕头市潮南区峡山街道潮东村美丽乡村规划》项目部分内容。
㉖ 参见中国政府网《〈关于推动文化产业赋能乡村振兴的意见〉政策解读》（2022 年）。
㉗ 参见腾讯网《汕头加快文旅融合，文化 IP 激发业态新活力｜区域文化高地建设进行时》（2022 年）。
㉘ 参见李燕文、贺小山、刘龙瑞：《法德浸润心田 村风民风更淳》，《惠州日报》2018 年 8 月 21 日。
㉙ 参见《中共中央 国务院关于加大改革创新力度 加快农业现代化建设的若干意见》。
㉚ 参见王成林、黄小燕：《发挥高校重点实验室优势 加速物流产业全方位升级》，《现代物流》2015 年 12 月 1 日 A8 版。

第 4 章参考文献

[1] 秦立公，胡娇，朱可可. 旅游物流城乡双向集成与乡村振兴关系的重构：基于双重中介模型检验［J］. 商业经济研究，2018（21）：79-81.

[2] 魏盼生. 实施乡村振兴战略建成小康社会［J］. 潮商，2018（4）：31.

[3] 张尚武. 乡村规划：特点与难点［J］. 城市规划，2014，38（2）：17-21.

[4] 向武胜，彭娇娇，陈仕玲. 乡村振兴与精准脱贫的发展模式及对策建议：基于城市生产要素下乡视角［J］. 全国流通经济，2019（33）：123-125.

[5] 张占斌. "最后一公里"问题是基层组织治理问题/以供给侧结构性改革思维推进乡村文化创新/资源要素下乡要下得去、留得住、能持续［J］. 农村工作通讯，2018（8）：43.

[6] 邰清攀. 乡村振兴战略背景下乡镇政府公共服务能力研究［D］. 长春：东北师范大学，2019.

[7] 李广海，杨慧. 乡村振兴背景下乡村教师治理角色的重塑［J］. 中国教育学刊，2020（5）：75-79.

[8] 陈顺，陈才. 东北地区农业产业化发展路径与地域发展模式研究［J］. 人文地理，2006，21（2）：82-84.

[9] 程艳. 浙江省安吉县"鲁家模式"的实践与探索［J］. 乡村科技，2021，12（25）：29-33.

[10] 王红扬，钱慧，顾媛媛. 新型城镇化规划与治理：南京江宁实践研究［M］. 北京：中国建筑工业出版社，2016.

[11] 西村幸夫. 再造魅力故乡：日本传统街区重生故事［M］. 王惠君，译. 北京：清华大学出版社，2007.

[12] 雷涵. 农村基层党组织的群众组织力提升研究［D］. 昆明：云南师范大学，2019.

[13] 崔文博. "德法兼济"视域下的中国乡村治理研究［D］. 成都：中共四川省委党校，2018.

[14] 佚名. 广东省梅州市蕉岭县长潭镇白马村村规民约［J］. 乡镇论坛，2019

(34)：32.

[15] 危旭芳．新时代中国乡村振兴的关键要点与风险防范［J］．广东行政学院学报，2018（6）：92-98.

[16] 雷洁琳．乡村振兴视域下新乡贤文化培育研究［D］．洛阳：河南科技大学，2019．

[17] 高其才．健全自治法治德治相结合的乡村治理体系［J］．农村·农业·农民（B版），2019（3）：42-43.

第 4 章图表来源

图 4-1 源自：《城乡融合视角下的汕头乡村振兴研究报告》．

图 4-2、图 4-3 源自：李晶晶绘制．

图 4-4 源自：央广网《大国"粮"策｜来自安徽的第十九"丰"信》．

图 4-5 至图 4-11 源自：南京大学城市规划设计研究院北京分院《乡村振兴｜传统乡村发展下的模式探索》．

图 4-12 源自：国家统计局．

表 4-1 源自：王红扬，钱慧，顾媛媛．新型城镇化规划与治理：南京江宁实践研究［M］．北京：中国建筑工业出版社，2016．

5 行动：推动乡村振兴的规划实践

5.1 潮南区全域乡村建设规划："乡村振兴战略"在区县层面的规划实践[①]

在中国共产党第十九次全国代表大会召开和一系列乡村建设政策出台之时，在《汕头市潮南区城乡总体规划（2013—2030年）》的指导下，为了更好地推进村庄建设实施，保持农村经济、社会、文化和生态环境的可持续发展，经汕头市潮南区政府委托南京大学城市规划设计研究院北京分院编制《汕头市潮南区全域乡村建设规划（2017—2030年）》。该规划是潮南区"百村示范，千村整治"工作的有效指导和重要依据，遵循"全域统筹、多规协调，生态优先、绿色发展，科学分类、特色引导、项目带动、实施为重"的原则，将潮南乡村地区建设成"村美、林野、水清、天蓝、人幸福"的"汕南全域乡村统筹发展示范区"。

1）规划分类引导策略

（1）分区体系规划引导

规划范围为潮南区行政辖区，总面积为 599.86 km²，其包含除中心城区（峡山街道以及司马浦新区、胪岗新区两个新区）组成的城镇规划区外的所有乡镇和村庄，涉及峡山街道、两英镇、陇田镇、胪岗镇、司马浦镇、陈店镇、仙城镇、成田镇、井都镇、雷岭镇、红场镇。划分乡村建设空间为生态敏感区、民营产业转型发展集聚区、安全食品与生态保育控制区、滨海农旅发展引导区四类发展区并分区提出建设引导策略，抓大放小、转粗为细、以点统面、变阻为疏。将乡村建设与潮汕传统文化的保护、传承相结合，构筑以城乡融合、经济社会一体化发展、地区文化特色鲜明的全新格局为发展目标统筹村庄与城乡布局规划。本次规划涉及全区232个行政村中的176个行政村，并将其划分为城镇型统筹（城镇化改造型村庄）、整合型统筹（鼓励发展型村庄）、控制型统筹（控制发展型村庄）三类。

① 城镇化改造型村庄

该类村庄位于城镇建成区周边且被纳入城镇规划区。应及时控制各类建设,并适时改造基础设施,实现与城镇基础设施网络的连接,避免新的城中村的出现。村庄改造应密切结合城镇空间布局规划,规划居住用地范围内的村庄,原则上进行就地改造,统一规划建设,与镇区基础设施和公共服务设施衔接;对于短期内不能进行改造的村庄,应限制其村庄建设规模,防止大拆大建。城镇、乡村道路交通网、水电煤气供应管网和通信服务设施网应统筹考虑。

②鼓励发展型村庄

有机结合新村建设和旧村整治,提高土地集约利用率,并通过新农村住宅户型引导等措施鼓励房屋向多层化发展。适当规划产业发展用地,积极引导中心村因地制宜地发展规模化养殖和特色种植,适当引进劳动密集型的农村工业和服务业。对该类村庄的用地指标和农村住宅建设等方面给予相应优惠政策。村庄对外联系道路应达到三级公路标准,村内道路硬化率达到100%。完善村庄各类基础设施和服务设施,配置小学、幼儿园、卫生室、文化活动站、敬老院、农村超市等服务设施,有条件的村庄可以建设集贸市场;完善电力、通信、有线电视、水、沼气池等基础设施,扩大服务覆盖面。

③控制发展型村庄

积极结合"空心村"改造、农村土地整理,严格控制"空心村"用地规模。对村庄发展进行控制,完善电力、供水、医疗等基本服务设施的保障,对村民生活条件进行局部改善。

(2)分类体系引导规划

构建中心城区、中心镇、一般镇、中心村、基层村(其中包含特色村和一般村)五级等级结构体系,结合可持续评估结果与环境品质、人文资源及相关整治工作,将涉及全区232个行政村中的176个行政村分为基本保障、环境改善和特色营造三个阶段类型。

①基本保障阶段的村庄

基本保障阶段的村庄指村民住房安全、饮水安全缺乏保障,村庄内外交通条件较差,基本生活条件尚未完善的90个村庄。原则上不允许对此类村庄进行新建,以全面提升基本生产、生活条件为目标,重点改善基本生活条件。积极引导闲置用地改造,推进农村危房改造和道路、饮水安全、生活垃圾和污水处理等民生项目建设,加强人居环境整治工作,有效改善村庄环境。

②环境改善阶段的村庄

环境改善阶段的村庄指基本生活条件比较完善,但是"脏乱差"现象普遍、农房风貌杂乱,亟待开展村庄环境整治、全面提升人居环境品质的63个村庄。以改善公共环境卫生、提升公共服务水平为目标,重点进行环境整治。落实村庄内部空间的建设与整治,合理有序地进行村庄微更新和动态建设。开展村容村貌整治、公共服务设施配套完善等重点建设,实现村容村貌整洁、设施和公共服务完善。

③ 特色营造阶段的村庄

特色营造阶段的村庄指基本生活条件比较完善、环境卫生干净、村容村貌整洁，并且正在通过整合提升特色优势、创建美丽乡村的23个村庄。以提升村庄整体风貌、建成美丽乡村为目标，努力营造村庄风貌特色，打造示范村。充分挖掘当地自然环境、农业生产和历史文化资源，结合休闲农业和乡村旅游业发展，延续自然风貌、传承历史文化，进行特色营造，建设特色鲜明、环境优美、宜居宜游的示范村。

2）规划实施与保障

规划遵循生态功能分区的相关立法和政策；制定相应的法规政策，明确不同生态功能区的范围、管理准则和奖惩措施。加大规划的执行力度，建立规划实施评价监控机制，在全区管理方面加强行业指导、强化规划对接。

（1）生态保护政策

在水环境保护政策上推动成立省级练江流域治理机构，设定严格的产业准入门槛，建立企业治污和污水排放奖惩制度，健全水源地和湿地保护政策；在固体废弃物处理的相关政策方面建立覆盖全区的垃圾回收点、压缩站和处理站，建立奖惩制度；鼓励和扶持企业改进生产技术，开发绿色产品；在生态环境与文化、公共服务结合发展政策上出台政策，鼓励在滨水地区布置公共服务设施及特色商业，实现滨水地区的保护性开发；开展系列评比活动政策，即鼓励以村为单位进行村庄环境评比等活动，推动社区营造。

（2）基础设施体系相关政策

公交系统坚持政府主导，完善公交线路和站址规划，落实公交的基础设施建设优先、行驶路权优先和道路信号优先等政策。实施差别化调控小汽车拥有和使用政策，并将其列入乡亲资本"反哺工程"项目；制定慢行步道系统规划，保障慢行步道系统的有效建立和运行，并将其列入乡亲资本"反哺工程"项目。

（3）城乡统筹政策

创新土地流转模式，推进土地集约经营、转换生产方式，推进集中居住、转移生活方式。加大对特色农业、都市农业的政策扶持和税费优惠等，建立健全现代农业的支持政策体系。推行城镇化发展促进政策，建立政策体系促进房地产业发展，推动户籍上的农村居民向城镇居民转换。

（4）文化促进政策

在文化保护方面建立地区非物质文化遗产名录及相应的保护、传承激励政策；树立地区文化形象，推动系列文化节事活动的举办，推动文化创意等产业发展；实施海内外潮汕乡亲投资捐资鼓励政策，进一步放宽海内外潮汕乡村投资捐资的领域，简化相关手续，完善奖励政策。定期推出"反哺工程项目库"，并不断拓展"反哺工程"投资方向。

（5）资金保障机制

强化财政，建立健全村级组织运转经费保障机制。激活金融，加快财政和投融资体制改革，建立和完善多元化投资机制。项目引资，积极招商引资并寻求将农村公益性项目与高营利性项目捆绑引资，切实解决农村资金投入不足的问题。

（6）实施及运作策略

加强与规划的衔接，滚动编制年度实施计划，年度滚动计划期限为5年，项目年度滚动计划实行分级编制管理。注重典型示范带动作用。基于年度目标、年度进度，整体有序地推进城乡统筹发展建设。

（7）公众参与策略

加强规划宣传，增强规划公开透明的力度和公信力；增强全区人民的规划意识，提高遵守、执行乡村建设规划及有关法规的自觉性；设立监督机制，将公众参与引入规划编制、实施管理的各个层次和阶段。

5.2 以产业振兴为主的乡村规划实践

5.2.1 胪岗的实践：城乡产业一体化背景下的乡村产业升级[②]

潮南区胪岗镇是潮南区的东门户，是练江平原南北行政辖区最狭长的镇，也是与峡山街道联系最紧密的乡镇。这里的潮州柑、脐橙深受大众青睐，这里的拉芳工业品牌闻名全国，这里还有潮南区最早且最大的国际内衣城（图5-1）。

图5-1 曾经繁华的国际内衣城

早在 2003 年发布的《汕头市潮南区城乡总体规划（2003—2020 年）》中，就已经提出了将胪岗镇北部纳入中心城区的构想。然而十几年间，胪岗镇似乎更多扮演的是"名义上的中心城区"角色，发展上差强人意。在《汕头市潮南区城乡总体规划（2013—2030 年）》中，进一步强化了胪岗镇"中心城区组成区"的地位，胪岗镇不再是个"城区看客"，而是通过"扬长避短、规划指路、主动融入、提质创新"，真正推动自身与"中心城区"的发展升级。

如何找准城镇，特别是有"中心城区"职能的城镇的发展方向，首先应该明确胪岗镇自身的优劣势。潮南区"半城半乡"的区域特征给我们留下了深刻印象。由于"半城半乡"地区在强大的"自组织"发展方式下，缺少对市场需求的冷静判断，更多体现为一种"跟从式"发展，即看到哪个乡镇、哪个产业发展得好，就一窝蜂地扎堆跟从。胪岗镇邻近中心城区的区位优势本是它引以为傲的资本，可是由于过去缺少长期的发展路径，胪岗镇也曾经陷入"迷茫期"。随着"胪岗镇北部纳入中心城区"这一总体要求的提出，胪岗镇未来二三十年的发展目标也得到进一步明确。

胪岗镇最突出的三个优势：第一个是作为中心城区组成部分的区位优势；第二个是规划建设疏港铁路及铁路站场的交通优势；第三个是陈沙大道双创走廊带动下的产业优势。找到这些优势是远远不够的，深挖它们带来的具体发展机会才是关键。《潮南区胪岗镇"十三五"近期建设规划》也为我们指出三大优势下胪岗镇的七大具体升级机会（图 5-2）：（1）承接人口容量需求；（2）承接产业转型升级需求；（3）承接公共服务水平需求；（4）短期内依托陈沙公路及其他区域性干道发展公路物流点；（5）后期借助铁路建设物流枢纽中心，并升级发展高端增值性物流服务；（6）对现状拉芳、芦溪等工业园进行存量空间的更新及创新升级；（7）借势依托现状内衣企业等空间，建立小型众创空间和企业服务平台。

在具体机会指引下，胪岗镇作为"潮南创意研发与高端会展东部门户、区域综合物流配套服务中心、现代生态农业示范区"的职能定位逐渐明确，"北城南枢、科创门户"的发展愿景呼之欲出。

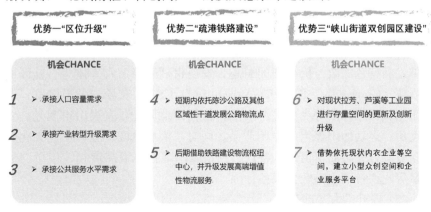

图 5-2 胪岗镇的七大升级机会

在《汕头市潮南区胪岗镇国土空间总体规划（2021—2035 年）》中，我们也对胪岗镇的总体产业格局进行了系统性梳理。通过对胪岗镇的产业、空间等条件进行分析和研究，我们从规划的角度给胪岗镇提出了空间和产业发展上的具体路径，即在空间上主动融入，协同发展；在产业上提质创新，联动并举。

1）产业发展提质创新，建设现代商贸与"双创"活力服务型城镇

胪岗镇的产业提质创新路径是"两化联动、三业并举"。重点聚焦一大主导产业（精细日化产业），培育三大特色产业（现代物流业、特色农业、特色旅游业），提升三大基础产业（纺织服装业、文具制造业、相关服务业）。

（1）聚焦一大主导产业——精细日化产业

针对龙头企业面临的三大核心问题逐一突破。一是寻找切入点，支持龙头企业继续培育自己的核心品牌；二是加大研发创新支持力度；三是完善并升级电商物流配套平台，加大线上销售渠道的挖掘与利用。同时，打造质量检测中心、研发交流中心、知识产权服务中心、一站式购物中心等平台，助力精细日化产业的转型升级。

（2）培育三大特色产业

现场物流业：充分发挥 324 国道、陈沙大道、汕南大道、和惠公路贯穿镇域的交通优势，同时对接疏港铁路，借力农业、日化等产业发展，建设区域性专业物流服务中心。加强物流区与工业园区的联动，结合龙头企业和纺织文具等轻工业产品的线上销售趋势，完善电子商务和物流配送、货物仓储、分装加工、接卸中转等配套物流服务。同时，构建物流信息平台，最终打造物流综合服务区。

特色农业：在胪岗镇现有良好脐橙、蕉柑等农作物的种植基础上，提升农产品附加值，促进农产品高端化、品牌化发展。同时引入经济效益、生态效益高的新作物，如金银花、香料等。提升高标准农田建设，实施农田水利设施建设，加快农业专业化、规模化、产业化发展。依托生态农业发展，延伸绿色食品深加工与农业休闲观光。提升山区经济，增强山区"造血"功能。同时，引导现代农业科学布局，建设中部水果种植基地、大南山特色种植养殖基地等。

特色旅游业：依托胪岗镇优质粮食、蔬果种植及牛养殖等农业基础，延伸发展特色旅游。依托田间野趣，发展柑橘采摘、农事体验、社区支持农业（Community Support Agriculture，CSA）农场、乡野游览、古迹游览、田园休闲等乡村旅游产品；依托山地风光，发展山地观光、生态度假、运动休闲等生态休闲产品。同时，依托镇区设施、特色文化旅游景点等，完善商贸街区、餐饮、民宿、本地特色商品展销、旅游交通集散等吃住行购旅游配套服务。

（3）提升三大基础产业

对于纺织服装和文具制造业，以提升为主，进一步集聚，提升用地

效率，完善研发创新和物流配套等生产型服务。在现有基础上建立专业创意研发中心，重点研究纺织技术等，进一步提升产业能级。促进胪岗镇的创意研发中心与中心城区的双创园形成联动效应、互帮互助，其中胪岗镇创意研发中心提供技术支持，双创园区提供资金与人才辅助，打造全区创新平台；以重大科技创新项目为抓手，运用高新技术改造提升传统产业，培育发展战略性新兴产业。同时，完善生活型和消费型服务，支撑全镇产业转型升级服务。

2）主动融入潮南城区，空间格局进一步衔接中心城区框架

胪岗镇的空间发展路径应依托产业发展基础及重点产业项目分布，规划打造"一带两廊，一轴三核三区"的产业空间格局。其中，"一带两廊"分别为大南山绿色康养带、创新发展走廊、城镇发展走廊；"一轴"为潮南城市中轴线；"三核"分别为精品文具产业发展核、峡新公共服务核、胪岗城镇服务核；"三区"分别为精品文具产业集聚区、城镇生活服务区、山地经济发展区。

5.2.2 司马浦转型：从乡村经济、园区经济迈向特色经济③

潮南区司马浦镇是一个非常典型的潮汕地区乡村振兴的实践案例。司马浦镇的产业发端于乡村、成熟于园区，并且不断成长，逐步形成了富有自身特色的产业经济体系。这里的华里西村人造丝花中外驰名，诞生过国际著名内衣品牌曼妮芬，也曾经由于发达的针织业被称为"女人镇"。如今的司马浦镇又成为广东省首个口腔用品科技创新专业镇，全镇集聚的 235 家企业生产了全国 1/3 的口腔用品，并且还拥有汕头市牙刷行业协会，"三笑""佳宝""浪莎"等诸多广东省知名商标，真正是集诸多头衔与殊荣于一身。

司马浦镇近年来的经济发展总体较好，在潮南区众多的一般镇中独占鳌头，是全区经济增速最快的城镇。在《汕头市潮南区城乡总体规划（2013—2030 年）》中，将司马浦镇区纳入中心城区规划范围。作为未来潮南中心城区的司马浦镇，也面对着一道新的"算术题"，一道关于发展和规划的"算术题"。

在《潮南区司马浦镇"十三五"近期建设规划》中，明确提出司马浦"口腔品牌之都、辅料市场之心、宜业宜居之城"的发展愿景，以及作为"广东省口腔用品生产专业镇、潮汕地区中高端辅料专业配套中心、潮南区货运物流枢纽中心、宜居品质的生态家园"的城镇职能。要想真正实现这一目标，做好"加、减、乘、除"是关键。

1）加法，是依托区位升级下的口腔产业、城镇服务"双加强"

在城区"老大哥"峡山、胪岗北部片区的辐射带动下，司马浦在助力拉大城区空间格局的同时，也将容纳一部分原中心城区的大宗商贸交易、商贸物流、加工制造等功能，最终形成新的区域一体化格局。

第一个加强，是对优势产业的进一步加强，探索形成司马浦口腔发展品牌与模式。司马浦口腔用品产业发展是以牙刷产品为主导，上下游产品为延伸，产学研模式为后盾，走"品牌化、创新化、多元化"的路线，将口腔用品产业打造成为司马浦镇的优势产业，引领全镇总体经济蓬勃发展（图5-3）。

第二个加强，是做好以"六个一"为核心的城镇公共服务品质提升。公共服务设施的服务能力和空间风貌直接反映了整个城镇的发展水平，会直接影响居民的生活环境，影响外来人对其的第一印象，故选取城镇公共空间作为城镇品质升级的点状空间抓手。司马浦"六个一"〔即文化设施（图书展览设施及文化活动设施）、大型零售商业（商场、市场等）、批发市场、公园广场、公厕、双创园〕等可作为公共服务品质提升的直接动力。

2）减法，是创文行动下，主动对落后产能类型的削减与引导，以及对城镇落后风貌的整治

对于落后产能的企业与空间，需要进行基于用地效率评价基础上的有效"存量更新"，识别出产业用地的低效能空间，加以着重更新，腾笼换鸟，在有限的用地资源下形成持续的发展动力。同时，结合潮南区的"创文"行动，在城镇的建筑风貌、街道环境、河涌水系等方面进行综合整治。

3）乘法，是借力高速出入口机遇发展辅料用品与物流产业"双配套"，带来城镇发展新动力

借力揭惠高速、汕湛高速等快速区域交通以及中心城区高速出入口带来的巨大发展契机，司马浦将迎来新的产业发展机遇（图5-4）。以中高端产品为主要市场定位，发展多样化的产品体系、多样化的产品定

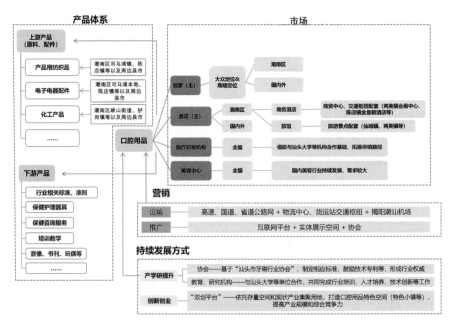

图5-3 司马浦口腔用品产业发展模式

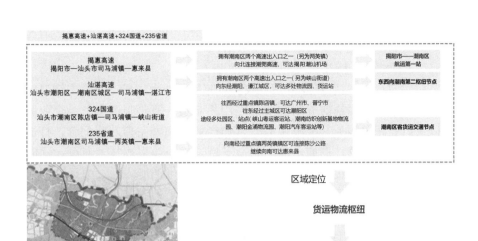

图 5-4　司马浦物流业发展机会示意

位、多样化的营销途径,最终打造为"潮汕地区辅料市场第一家";同时发挥自身的优势产品资源(口腔用品、辅料用品等),以物流企业为基础,以商贸设施和信息化服务机构为配套,打造面向潮南区的物流商务专业服务中心。

此外,以"仙港村电子商务一条街"为主体,以提供创新创业平台为方式,集聚口腔企业和互联网企业,打造司马浦"互联网+口腔用品"特色小镇;同时依托司马浦镇文化与生态资源,通过参观采风+互动体验+教育的多维活动,与众创空间结合,发展特色文化旅游。

4)除法,是明确一批城镇、美丽乡村重点实施项目,有的放矢地引导行动

完善镇域支撑体系建设,明确近期建设项目和年度实施计划。通过构建"公共服务体系""综合运输体系""居住与保障性住房体系""绿地景观体系""产业发展体系""历史文化遗产保护体系""市政设施体系",形成指导司马浦后续建设的200余项近期建设规划项目。

司马浦镇、胪岗镇犹如峡山旁的"双子星",联袂而至、携手并进。做好建设中心城区这道"算术题",是司马浦镇的责任,也是未来持续发展的有效路径。随着《汕头市潮南区司马浦镇国土空间总体规划(2021—2035年)》(公示稿)规划编制工作的进行,我们也对司马浦镇的产业布局进行了重新梳理。

(1)产业布局空间路径

依托产业发展基础及重点产业项目分布,司马浦镇规划打造"一带一廊,一区三核三组团"的产业空间格局。其中,"一带一廊"分别为练江流域生态休闲带、创新发展走廊;"一区"为口腔用品产业集聚区;"三核"分别为综合交通物流服务核、司马浦城镇综合服务核、口腔用品

生产和生活服务核;"三组团"分别为华里西丝花产业组团、溪美朱电子纺织产业组团、美西塑料纺织产业组团。

（2）产业体系构建

构建"1—3—3"产业体系。壮大口腔用品一大主导产业：围绕口腔用品产业，重点围绕前端制造及口腔用品制造，完善制造服务、企业服务以及口腔相关服务三大类服务，延伸产业链条，完善产业配套，打造口腔用品产业集群。例如，前端制造支持本地企业强攻技术瓶颈，同时大力引进外力，通过与大品牌合作，逐步建立生产能力后，中远期利用集群优势，再主攻核心技术；加快现有口腔用品的制造升级，加大技术和设计创新，扩大规模——冲击全国第一大牙刷生产基地，及时补足线上营销渠道短板，打开线上销路；积极研发生产电动牙刷、冲牙器、漱口水等新型口腔用品。一方面，借力深汕合作，培育本土企业电动牙刷等业务壮大，并向智能化方向深化，同时与大品牌合作，逐步形成自建品牌生产能力；另一方面，趁当前国内刚起步、门槛低，通过强攻研发、设计多场景、面向不同特定人群的产品创新，抢占先期机遇。同时完善智能生产、研发设计、教育培训等制造相关服务业，以及质检服务、电商服务、商贸物流等企业相关服务业，并在此基础上延伸口腔护理服务，提升公共服务能级等，打造完整可持续的口腔用品产业生态。

（3）提升现有纺织服装、人造丝花、五金电器三大优势产业

横向丰富产品体系。在巩固固有产品地位的基础上，鼓励拓展同种产业形态下的不同产品分类，比如针对不同年纪开发的婴幼儿产品及中老年产品等；针对不同需求开发的生态环保型产品、独家定制型产品等；以紧跟市场需求的发展理念保证先进状态，并在生产环节上通过政策区别化引导，在生产方式、生产环节上进一步分工细化，培养不同类型、不同发展定位的企业，差异化发展，建立"领导企业＋小企业综合枢纽＋专家型小企业集群"的生产网络体系。

纵向延伸区域产业链。在改革固有传统产业、打造优势新兴产业的同时，应着重复合产业链的构建，让区域企业能形成上游产品供应、下游产品开发的角色合作网，以强带弱、协同发展。以口腔用品产业集聚区为依托，辐射带动纺织服装、人造丝花、五金电器等现有传统产业的转型升级。

（4）完善都市农业、商贸物流、生活性服务业三大基础产业

都市农业：依托邻近中心城区的区位优势，使农业在未来向都市农业、绿色农业转型。以现代都市农业产业体系为核心，通过农业生产、农产品加工、与休闲旅游相结合互动发展，同时延伸农产品加工、配套物流、农业休闲等功能。抓好农业基础设施建设，提升农业生产基地发展水平。加快现有生产基地、特色乡村等规划建设，提高司马浦镇农业产值，形成农村创新发展格局。

商贸物流：依托辅料专业市场的镇级商贸核心、居住区的社区级商

贸核心、建筑底商的线性商贸空间，共同打造司马浦镇商贸服务网络，并提供生产、生活、旅游多元配套服务。同时，通过线下专业市场和线上特色电商平台，双管齐下，全面提升司马浦镇商贸服务水平。依托324国道等干线道路及便利的综合公路交通，借助辅料专业市场等载体，建设区域性现代智慧物流中心，同时推动产业专业镇建设，利用村镇闲置零散用地发展乡村物流，将其建设为潮南区货运物流枢纽之一。

生活性服务业：作为老城提升发展的城西支撑，司马浦镇在商业、医疗、教育等公共服务上也承担了一定的城镇服务功能。提升和完善商业、餐饮、教育、医疗、住宿、美容、健身等生活性服务业，营造潮南区高品质的宜居城镇。

5.2.3 陇田与井都：传统产业与战略性新兴产业的融合发展④

潮南区产业结构整体呈现"231"特征。随着潮南区纺织印染环保工业园落地陇田镇和井都镇，两镇工业得到迅猛发展，工业产值从2019年的26亿元猛增到2020年的50多亿元，集聚效应显著。在此基础上，作为潮南区沿海两镇，陇田镇和井都镇正在谋求建设省级发展平台，打造练江滨海发展示范片区（简称"示范区"）。值得注意的是，这样的增长更多是由传统纺织印染产业的集聚所带来的，在"双循环"的背景下，当地的传统纺织印染产业仍面临诸多挑战，亟须转型升级，实现"纺织工业4.0"的时代目标。

我们从以下两个方面入手，对两镇的产业发展定位给出了明确意见：

第一，从上位规划引导来看，汕头市要把握好全面融入粤港澳大湾区与建设省域副中心城市的内在逻辑，把握好"实质性融入粤港澳大湾区"与"共建共享粤港澳大湾区"的紧密关联，下好"湾""带"联动先手棋。2020年，汕头市开展"1146"工程，做大做强海上风电和先进装备制造、现代服务业、文旅产业、现代农业四个新兴支柱产业，进一步为示范区的产业发展指明方向。

第二，从区域产业转移来看，示范区可以纺织印染中心的建设为契机，大力承接广州、佛山等地的轻工纺织企业转移，重点是完善配套服务功能；同时立足湾区经济，大力发展具有滨海特色的现代服务业。根据示范区及所在区域的产业发展基础，提出示范区的产业发展定位为：广东省纺织服装与战略性新兴产业（简称"战新产业"）融合发展试验区，粤东沿海经济带生态智慧产业社区和汕头滨海现代服务业创新发展示范区。

1）创新产业发展体系：因地制宜，重点突出的"2+2+N"现代产业体系

通过产业遴选和初级分析，考虑各产业关联性和地方发展前景，南京大学城市规划设计研究院北京分院创新提出适宜两镇的"2+2+N"现代产业体系（图5-5）。

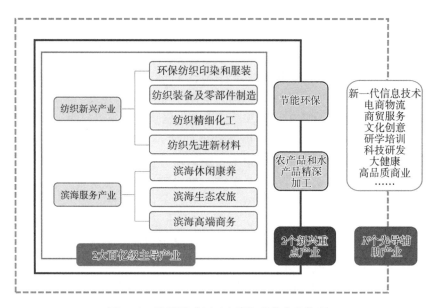

图 5-5 示范区 "2+2+N" 现代产业体系

（1）2 大百亿级主导产业：纺织新兴产业、滨海服务产业，各有新兴特色子产业

纺织新兴产业：依托潮南区纺织印染环保综合处理中心建设，集聚上下游和横向关联产业。结合汕头市高端装备制造、精细化工、新材料的产业优势，延伸发展纺织装备及零部件制造、纺织精细化工和纺织先进新材料。打造广东省纺织服装与战新产业融合发展试验区，汕头滨海现代服务业创新发展示范区。

滨海服务产业：示范区将在海洋产业大发展的背景下，依托滨海旅游资源、高铁片区建设机遇和农业产业优势，大力发展滨海服务产业，进而带动第三产业的发展。

发展滨海休闲康养：结合农业和食品加工、生物医药、滨海旅游产业，打造百亿级滨海休闲康养目的地。

发展滨海生态农旅：结合本地历史文化资源促进现代农业发展，延伸农业体验和研学教育等产业，依托科技农场等设施，打造广东省首个滨海生态农旅研学基地。

发展滨海高端商务：配合高铁片区建设，打造潮南区现代服务新载体，成为示范区现代服务产业高地。

（2）2 个新兴重点产业：新一代信息技术、节能环保产业

节能环保：依托潮南区印染中心，延伸发展以纺织印染为突破的节能环保产业，在农业和制造业生产过程中大力发展循环经济，同时对示范区进行生态修复，打造低碳绿色的智慧产业社区。

农产品和水产品精深加工：依托井都捕捞基地、冷链物流和陇田东华蔬菜基地等，大力引入农产品和水产品精深加工企业，结合生物技术，

延伸发展高端保健品等产业链。

（3）N个先导辅助产业：为主导产业和新兴重点产业的发展提供基本条件的产业，需要先导发展的产业

该产业包括新一代信息技术产业、电商物流、商贸服务、文化创意、研学培训、科技研发、大健康、高品质商业等。践行产城融合的发展理念，打造粤东沿海经济带生态智慧产业社区。

百亿级主导产业和新兴重点产业间应形成联动协同效应，不断促进产业链的完善和关键技术的突破。在此基础上，延伸发展研学培训、文化创意、科技研发等产业。积极围绕示范区的产业发展和居民对美好生活的需求，优先布局电子商务与商贸物流、高品质商业服务等现代服务业，为示范区的可持续发展提供重要支撑。

2）产业链与供应链创新融合：发挥现有工业优势，与战新产业有机融合

产业链和供应链创新是我国转型升级的必由之路，也是企业在未来高质量发展过程中的重要抓手。在明确产业发展方向的基础上，示范区将抓住比较优势，发挥长板优势，围绕两大百亿级产业，实现产业链和供应链融合创新发展。

（1）纺织新兴产业：通过发展和培育本地"链主企业"，引入相关战新产业

以示范区现有的纺织印染、服装制造业作为"链主企业"，以产业链需求和成长性为核心，形成全新的纺织新兴产业链。例如，纺织新材料将成为上游新兴产业，围绕生产过程需求，发展纺织精细化工和机械装备制造，同时引入制造执行系统（Manufacturing Execution System，MES），发展工业互联网。

近年蓬勃发展起来的用户直连制造（Customer to Manufactory，C2M）是一种由订单驱动的大规模个性化定制模式，较传统业务模式优势明显，该服务的应用将改造整个协作过程。从以往传统的先产后销转变为先销后产，制造商根据客户的订单量实现定量生产，同时利用互联网、大数据等技术手段，指导工厂选品、设计并生产出满足客户个性化需求的定制产品。本地的纺织制造企业多数为中小型企业，对于他们来说，用户直连制造（C2M）模式是一次新的机遇，小体量有助于其定制化生产，打开全新增长空间，但需要进一步提升企业数字化和智能化水平，甚至向下游品牌业务延伸。对于大型纺织服装企业来说，用户直连制造（C2M）模式能够帮助品牌服装企业实现大规模个性化定制，为新品设计和生产提供方向，有效降低库存风险和资金压力，也可利用自身优势提升影响力，向外输出品牌管理和用户直连制造（C2M）运营经验。

（2）滨海服务产业：带动全域第三产业发展的极核

滨海服务产业是示范区第三产业发展的核心，其延伸性和包容性强。在滨海服务产业链中，示范区主要在供给端发力，引进和发展酒店、餐饮、景区、医疗服务等产品，同时延伸农业和农产品、水产品精深加工产

业、发展研学服务，未来将延伸文化产业、数字产业等；在产品组合分销端，主要依托电子商务、商贸商业等生产性服务业带动，要求大力发展信息服务、现代物流产业；在产品营销端，要积极参与网络分销，鼓励企业积极同各大在线旅行社（Online Travel Agency，OTA）平台合作，采用互联网时代的新方式、新思路和新服务，打造粤东滨海旅游、都市休闲和商务服务新热点（图5-6）。

3）近期行动计划助力产业实现：配套服务设施先行，工业互联畅通

要利用有指标的用地优先落位近期引擎项目，增加配套服务设施，重视环境治理和城市设计，塑造示范区良好的先期形象。重点推进井都镇冷链物流中心、优质食品及农产品供应基地项目、水产品加工中心、潮汕人文碧道建设及沿线休闲步道建设、低碳社区、碳汇监测探究中心、高铁片区基础设施建设、商业综合体建设及田心湾度假康养等先导引擎项目。

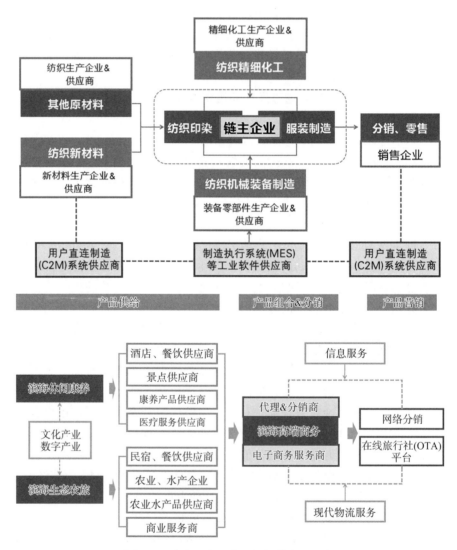

图5-6 滨海服务业产业链与供应链系统

重点推动空间设施、商务设施和生活设施建设。重点保障落户企业水、电、汽、暖、网等公共设施配套需求。加快完善标准化厂房建设，积极采用装配式建筑等新兴建筑技术，提升建设效率；着力推动商务写字楼标准化装修，根据企业个性化需求提供定制化服务。加强商务配套设施建设，着力打造一批高质量的商务服务空间。深入推动产城融合建设，加强生活配套服务和人居环境绿化建设，大力发展社区养老和幼托服务，推动园区生产、生活、生态融合发展。

开展智能制造示范工厂建设，鼓励工业互联网应用。加快新一代信息技术与制造全过程、全要素深度融合，推进制造技术突破、工艺创新和业务流程再造，实现泛在感知、数据贯通、集成互联、人机协作和分析优化，建设数字化、网络化、智能化示范工厂。引导"链主"企业建设供应链协同平台，带动上下游企业同步实施智能化升级。鼓励各地方、行业开展多场景、多层级应用示范，培育推广创成式设计、网络协同制造、大规模个性化定制、预测性维护、远程运维服务等新模式。

5.2.4 蓝丰村蝶变：产业创新助力乡村脱贫振兴的发展路径

蓝丰村位于中国最典型的"半城半乡"地区——广东汕头潮南区，由5个自然村组成，总面积为186.53 hm^2，居住人口近5 000人，是一个典型的人多地少、城乡接合、经济落后的乡村。产业基础薄弱、空间品质恶化、守旧思想禁锢让蓝丰村的脱贫面临巨大挑战。

1）现存问题

（1）产业基础薄弱：较好的区位并未有效转变为生产力，人均国内生产总值低于全国水平，产业单一，电力基础设施欠账严重

蓝丰村具有良好的区位交通条件，但全村年人均国内生产总值（Gross Domestic Product，GDP）仅为1.85万元，在成田镇仍处于中下水平，远低于全区平均水平的2.9万元。目前蓝丰村的产业结构以第一产业为主，第二产业较弱，第三产业欠缺，其中主要种植水稻、甘薯、生柑等，处于传统经营方式，附加值偏低，无法带动村庄经济发展；现有工业以低附加值服装与日用品加工为主，没有形成规模化发展；服务业的发展更是停滞不前。

（2）空间品质恶化：本就经济贫困的蓝丰"三生"空间环境也在快速衰败

随着近些年城镇的无序建设，空间呈现破碎化，生态空间逐渐衰败，多条自然水体水质出现恶化，河道淤塞问题严重，致使人畜饮水困难，农田水利能效低下，村庄整体环境每况愈下。同时生活空间中的公共设施建设不完善，仅蓝丰小学、中流学校条件尚可，现有的医疗、市场等设施条件简陋且分布不均，现阶段缺少文化设施、公园广场等可供村民

游憩的空间。蓝丰村的传统民居虽具有鲜明的潮汕特色，但与产业发展衍生出的"三合一"式建筑相抵触，"见缝插针"式的建设破坏了原有的风貌。蓝丰村在长期贫困的压力之下，"三生"空间环境的快速衰败成为治理的一大难点。

（3）守旧思想禁锢：潮汕强宗亲特征下的自下而上"自组织"，使规划下乡推进难度巨大

在潮汕地区的传统社会特征中，宗亲文化和父老文化是最为鲜明的。在这里，强大的宗族观念和人情交际模式让民众的互动集中在宗族内部，"短平快"的经营思路往往带来空间资源的逐利行为，在这一过程中建立的强大关系，常常转变为非正规性手段的开发建设。最终，传统范式下的城乡规划出现了治理上的失灵。

产业基础薄弱、空间品质恶化、守旧思想禁锢带来的是蓝丰村产业动力缺失下的产业转型困境，发展空间贫瘠下的"三生"环境品质缺失，实施推进低效下的落实推进困难，这也是贫困乡村的三个"治理型"难点。因此，我们思考本次工作必须从三个"新"字上找突破：第一，现状产业低水平、缺少动能下的乡村产业如何出新？第二，现状乡镇无序与本土固化思维下的乡村空间如何革新？第三，在现状"自组织"逻辑下，规划成果如何脱离"高高在上"而真正"清新"起来，取得基层认同从而推动乡村建设实施项目落地？

2）创新策略

以倡导性规划理念与乡村振兴"三农"问题相结合的三个创新点来带动乡村脱贫。针对蓝丰村强自下而上力量的乡村治理特征，本次工作从充分理解和尊重地区传统治理模式入手，借鉴西方倡导性规划的理念，对乡村关注的农业（柔性产业导入问题）、农村（空间及设施优化问题）、农民（规划行动问题）等进行落地深度的引导。

（1）动力出新：跳出传统乡村农业模式，引导建立村—社协作下的"光伏＋农业"的产业脱贫模式

首先强调在产业动力上寻找突破口。一方面，从村现状农业破碎、用电短缺的生活薄弱环节出发，跳出农业思考多渠道的乡村产业方向；另一方面，通过深入解读国家及省市相关扶贫支持政策，寻找适合蓝丰村产业发展的具体渠道。最终提出了蓝丰村以"光伏＋农业"为产业脱贫突破路径的整体思路，并建立了以村民—蓝丰村经济联合社协作方式为主的"174 kWp 光伏发电项目行动方案"（图5-7）。

具体做法是，建立以光伏产业作为近期突破性项目稳步导入的村民—蓝丰村经济联合社共同建设模式，以农业产业作为中远期一般性收入逐步整合、提升。近期通过建立"一金一股"的模式，将省级精准扶贫专项资金真正用于乡村产业持续动力的提升上，逐步让光伏产业形成乡村造血功能，让贫困户真正得到每年稳定的困难资金帮扶或更加稳定的收入提升。

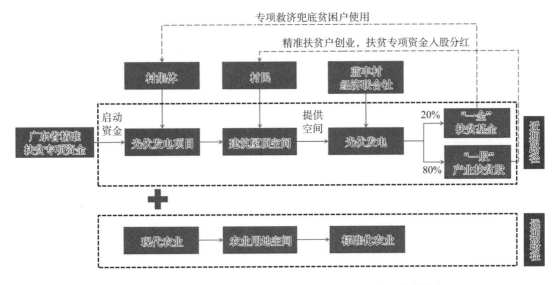

图 5-7　在蓝丰村建立的村—社"光伏＋农业"的产业脱贫模式

（2）品质革新：对现状乡村生态空间和文化场所的"微改造"彰显蓝丰村空间特色

空间微改造是围绕乡村的"生态、生活、生产"空间，针对性提出生态本底、生活服务、生产配置方面的"小尺度"整治路径，从而在规划层面建立一种上级政府与社区/村集体间相对温和、易于各方接受的基础性共识。空间"微改造"重点包括"通水"与"缮祠"两个方面。

①"通水"：从恢复"风水塘"到河涌水系，再到区域性生态网络

首先，基于蓝丰村的生态水系进行恢复，重新识别现状乡村肌理中的多个"风水塘"，提出对坑塘水体及周边环境的整体改造措施。其次，对村域内的 6 条大小河涌提出河道疏浚及局部"微连通"的规划。最后，结合两侧农田、道路绿化等形成接内联外的区域性乡村生态网络。

②"缮祠"：从现状传统宗祠和民居空间的识别保护，到文化生活服务功能补缺

对蓝丰村内的 10 处传统宗祠及古庙进行保护，并对宗祠周边的传统民居进行识别，从而明确蓝丰村的核心文化与公共空间营造范围。基于现有与未来规划的乡村生活空间，更新现有相对分散、功能单一的乡村生活服务点，以潮汕传统村落、潮汕文化、宗族文化展示为特色，建立文脉传承的水乡聚落空间。

（3）成果清新："一整一创"双重内容，通过需求台账清晰对应近远期行动重心

"一整一创"双重内容，是区别于冗长烦琐的传统村庄规划成果，通过图文并茂、简明清晰的成果内容，指导蓝丰村近远期建设的具体行动指南，包括村域整治的基础行动和示范空间的创建行动。

① 面向近期三年——村域整治的基础行动：以村民诉求为根本，形成乡村整治行动项目库

首先对蓝丰村规划建设用地地块进行全覆盖的指标控制，针对各存量更新、新建地块均提出了具体要求，并形成了村民建设管理公约，以衔接后续规划管控要求。梳理整治需求台账，梳理出涵盖五大方面，共23个整治项目的乡村整治行动项目库。

② 面向中远期——示范空间的创建行动：蓝丰的"中寮文化圈"和"流聚潮生态绿化带"微改造

基于现状文件调查中居民反映"缺少村级公园绿地和文化休闲设施"的核心诉求，充分利用祠堂前的闲置废弃空间进行"中寮文化圈"设计，整治水体两岸空间，串接多个开放绿地节点，打造"流聚潮生态绿化带"。设计注重取材本地化、维持现状地形设计、多元人群活动空间塑造，尽力做到节省投入、小微改造、效果提升。"一圈一带"设计过程非常注重与村民、乡贤的充分沟通，经过多轮公众参与完善后达成方案共识。

5.3 以人才振兴为主的乡村规划实践⑤

2013—2017年，潮南区的常住人口略有增长，然而隐藏在人口数量细微变化之下的是户籍—常住人口结构的巨大转变。2013年，潮南区常住人口规模约为户籍人口规模的2倍，涵盖了相当数量的流动人口；然而自2014年起，潮南区年末常住人口数量明显减少，2015年时已低于户籍人口，具体表现为人口的大量流出；从2016年起，随着户籍人口的稳定增长，年末常住人口才开始超过2013年，但是其数量已经基本与户籍人口持平（图5-8）。户籍—常住人口结构的演替反映出的是潮南区对流动人口吸引力的不稳定，常住人口逐渐本地化，对外的人口吸引力降低。

1) 本地乡土情结浓厚，但并未留下紧缺人才

潮汕地区的"潮人"情结由来已久，潮汕本地人多愿意在家乡就业。通过对潮南区企业家人群的调查发现，有高达57%的潮南区企业家将"家乡在潮南"列为选择来潮南区的原因，其中居住在潮南区的占95%，说明乡土情结在潮南人的心目中的确有相当高的分量（图5-9）。

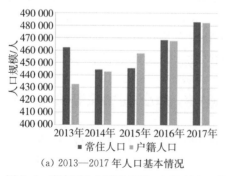
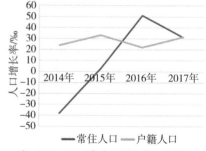

(a) 2013—2017年人口基本情况　　(b) 2014—2017年人口增长率基本情况

图5-8　潮南区中心城区2013—2017年人口基本情况与2014—2017年人口增长率基本情况

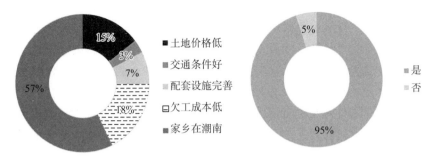

(a) 选择来潮南区的原因　　　(b) 是否居住在潮南区

图 5-9　企业家人群调查结果

然而乡土情结也无法对抗经济全球化的规律，在全球劳动分工的背景下，劳动力通过流动更能实现价值最大化。2017 年潮南区全区常住人口为 1 337 506 人，其中青壮年劳动力人口（20—45 岁）占全区常住人口总数的 41.8%；户籍人口为 1 576 641 人，其中青壮年劳动力人口（20—45 岁）占全区户籍人口总数的 44.5%。上述数据均低于潮阳区。2017 年，劳动人口流出问题加剧，全区流出人口总数为 214 831 人，为流入人口的 3.5 倍，形势严峻。在关于企业发展面临的主要困境调查中，发现"劳动力不足，员工素质不高"是影响绝大多数企业发展的首要因素，80% 左右的企业主管反映了招工难的问题（图 5-10）。留下适合当地社会经济发展的人才是潮南区的重大难题。

2）相关"人才"制度政策

针对"潮人"情结，潮汕地区各市县也先后制定了与"潮人返乡计划"相关的配套政策。例如，潮南区拟颁布的《关于进一步加快人才发展的若干意见》及其八项配套政策，即《"1+8"人才政策》，其中涉及

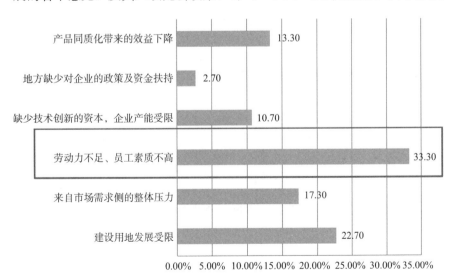

图 5-10　企业面临的主要困境调查

5　行动：推动乡村振兴的规划实践 | 103

了高层次创新创业人才、拔尖人才、纺织服装人才、"三农"实用人才、高技能人才、青年企业家孵化、"高层次人才联合会",以及人才专项资金管理八项配套政策,涉及人才的引进培育、管理服务、激励保障,涵盖范围广、扶持力度大,从生活补助、工作经费、租金补助、住房补助等方面给予人才扶持,激发人才创新创业活力,引领潮南区新时代发展,加快构建特区西翼人才集聚区,为建设活力、健康、文明的潮南提供坚强的人才保障和智力支撑。这类配套政策或许为"潮人"的乡土情结提供了一种出口,但仍需配套行动的支持。

3) 人才制度供给的潮南模式

在潮南区人口不断外流的趋势下,以潮汕社会纽带为突破,实现家园文化"潮人归潮",形成如下制度供给模式(图5-11):在人才制度供给模式方面,应分别针对海外与国内高层次人才、本地与周边基础劳动力制定差异化的人才政策。吸引海外与国内高层次人才时可以将"潮人归潮"人才计划、博士工作室等配套行动作为引领;吸引本地与周边基础劳动力时可重点依托政府—校园—企业—协会共建、共育、共享机制的建立。人才制度供给的组织主要由潮南区人力资源和社会保障局牵头,由潮南区科学技术协会、潮南区税务局、潮南区工商行政管理局、潮南区工业和信息化局、潮南区外事侨务局、潮南区归国华侨联合会、潮南区教育局、潮南区住房和城乡建设局、潮南区各个行业协会、潮南区职业技术学校等多方参与实施。人才制度供给将使多方受益,主要作用于三类主体:对于政府而言,招纳了天下人才;对于企业而言,解决了普通劳动力的招工难题,吸引并留住了高层次人才,做好了技术升级准备;对于潮南区民众而言,提供了更多的本地就业机会。

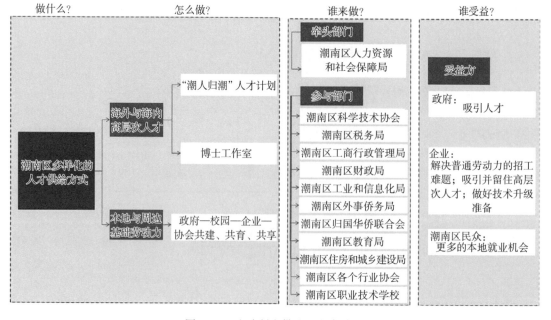

图 5-11 人才制度供给的潮南模式

5.4 以文化振兴为主的乡村规划实践

乡村地区是新时期旅游业增长的主战场，对于传统乡村部落而言，规划发展方向大多以乡村旅游振兴为载体，通过发展农家乐、传统聚落、古驿道、沿海岸线等"微休闲"项目，推动农村绿色发展。

汕头市文化历史悠久，积淀深厚，可依托现有丰富的旅游资源，打造乡村旅游品牌。如在南澳县深澳镇，可依托山、海、史、田园景观特色，提升城镇整体环境，打造全域景观化、生态化的汕头山海古镇样板；以总兵府为龙头，打造特色海防人文景观核心区，塑造历史文化旅游品牌；发挥古镇资源、农业资源、海洋山地资源优势，在挖掘古镇文化的同时，发展现代特色农业、乡村生态旅游、红色文化旅游及滨海旅游，促进古镇旅游、乡村旅游、生态旅游、红色旅游等多种旅游业态相融合。通过深挖特色资源，将汕头乡村地区建设成为有历史记忆、文化脉络清晰、地域风貌独特、极具潮汕特色的乡村旅游目的地。

依托南粤古驿道中的东江—韩江古驿道文化线路，连接樟林古港文化街区、前美村、程洋冈村、莲花山风景区、礐石风景名胜区等多处自然节点及历史文化名村。突出潮汕文化、海丝商贸文化、侨乡文化等文化内涵，在古驿道沿线积极开展古驿道遗存，历史文化古城、古镇、古村的保护与利用。结合汕头市特色小镇建设，打造古驿道沿线的古道文化特色小镇节点，如东里镇等特色小镇，以及前美村、程洋冈村、樟林村、龙美村、东仙村、南阳村、下底村等特色村落。结合各种民俗节庆及庙会等大型文化节事，开展古驿道历史文化体验、遗存观光、摄影、文艺创作、民俗展示等文化活动，带动雕刻艺术品、草编织品等地方特色工艺品的营销，助推文化创意产业发展。依托古驿道文化线路，结合步道、绿道、风景道、水上游线的建设，串联不同类型的旅游景点，构建古驿道沿线的徒步游、骑行游、自驾游和水上游等多种游览方式。引导沿线乡村发展休闲民宿、农家乐、休闲农场等配套服务，带动农民就业和创业，促进沿线镇、村经济的发展。

5.4.1 多彩大南山：文化乡村振兴中的红色与多元体验⑥

在我国伟大革命的发展中，革命根据地发挥着独特的历史作用。无论是土地革命时期、抗日战争时期还是解放战争时期，革命根据地的建立都为我国的革命胜利奠定了坚实的基础和条件。潮南区南部大南山地区的雷岭镇和红场镇均为著名的革命老区，红色文化悠久，历史遗产丰富（图 5-12）。其中，红场镇还是汕头市"爱国主义教育基地"。

图 5-12　红宫——南山临时军事委员会旧址

虽然与地区其他乡镇相比，红场的交通条件相对不便，现状经济发展水平较低，但是红场依托鲜明的特色农业种植、生态资源、历史文化资源等独特优势，乡村旅游产业已初具规模，是一个有条件将绿色旅游、红色旅游与休闲旅游有机交融、相互衬托的旅游胜地。

除了红色历史文化，红场镇还是潮南区南部生态门户。红场镇的青梅和茶叶极具特色，它是远近闻名的"青梅之乡"，特有的赤红壤及适宜的气候令这里出产的青梅品质上乘。同时，红场镇茶叶品质较高，现有茶园 7 000 亩、茶农 2 000 多户，茶叶年产量约为 600 t，现有梅占、黄旦、白叶单丛、乌叶单丛、奇兰、鸭屎香等品种。目前，红场镇已注册了"红场香""石船香""红场青绿""鑫记山茶"等茶叶商标，努力将其茶叶产业做大做强。

曾经，红场镇也存在着农业产业结构单一、特色旅游资源未充分开发利用、空间利用方式简单、基础设施建设相对滞后等发展问题。南京大学城市规划设计研究院北京分院项目组按照国家提出的乡镇经济创新发展及多规合一的要求，紧密契合《汕头市潮南区国民经济和社会发展第十三个五年规划纲要》的指导思想及发展诉求，同时落实上位规划《汕头市潮南区城乡总体规划（2013—2030 年）》对两个镇的性质、职能定位以及红场镇政府工作中提出的重点项目，为大南山地区谋划了一条从产业到空间的"多彩蜕变"之路。

1）区域绿色协同：依托"绿色"大南山生态肌理，围绕自身"红色"旅游文化，与雷岭"蓝色"温泉养生，形成大南山"双子星"协同发展格局

红场镇与雷岭镇共同构成大南山生态旅游区，且红场镇全域均处于大南山生态片区，红场大溪流经主要镇区，自然山水资源优越，除了优势明显的红色历史文化外，也非常适合发展各类运动休闲旅游。在区域

分工上，我们认为红场镇未来应依托自身鲜明的红色文化打造区域红色旅游核心，重点方向为红色旅游和运动休闲旅游，与同属于大南山生态片区、以温泉养生产业为核心抓手的雷岭镇实现"一动一静"的差异化协同，构建大南山"双子星"联动发展的局面（图5-13）。

2）产业发展升级：从"单色"到"多彩"的蜕变

依托红色历史文化、绿色山地特色农业、蓝色运动休闲旅游三大抓手，构建红场镇"1+1"产业体系，即"山地特色农业＋特色旅游业"，共同提升红场镇的产业活力，打造粤东红色文化旅游核心、汕头山地特色农业示范区及潮南山地运动休闲主题小镇，实现产业发展升级，从"单色"到"多彩"蜕变（图5-14）。

（1）红色核心：紧抓区域特色优势资源，打造粤东红色文化旅游核心

红场镇的红色历史文化资源与粤东其他地区相比优势明显，因此红场镇近期发展的核心机会在于紧抓自身特色，即红色历史文化资源，将

图5-13　构建大南山"双子星"——"一动一静"特色小镇

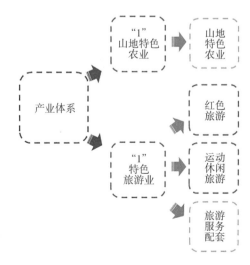

图5-14　产业体系结构图

自身打造成为粤东红色文化旅游核心,吸引潮州、揭阳、汕尾红色旅游客群,集聚人气,进一步带动就业和其他产业发展。

以红色旅游为核心圈层,结合教育科普、展览展示、节事活动、参与体验等功能,拓展和丰富红色旅游产品;以红场镇优越的山水资源本底为依托,与红色旅游主题相关联发展第二圈层的运动休闲旅游,打造特色旅游蓝色产品线;通过区域红色文化旅游核心的打造和旅游产品体系的完善,助推服务业升级,将红场镇由旅游"中转地"转变为旅游"目的地",实现特色旅游的全面发展(图 5-15)。

(2)绿色延伸:紧紧围绕青梅、茶叶等特色种植业,向农业观光、体验旅游等农业旅游产品方向转变,实现农旅联动发展

红场镇现有的茶叶种植与加工、红场青梅无公害生产等山区特色农业为三次产业联动、充分挖掘农业附加值奠定了良好的基础。通过将原有山地特色农业产业链向第二产业、第三产业的延伸,促进传统产业的转型升级,形成山地特色农业三次产业联动的新格局,打造汕头山地特色农业示范区(图 5-16)。

① 方向:农旅联动多元发展。将农业种植与现代旅游业有机融合发展,以青梅种植体验和茶叶采摘体验为重点和基础,将特色农业与观光体验、农产品销售、餐饮等产业结合发展农旅辅助产品及农产品种植、电商销售、乡村旅游定制等扩展产品,优化升级产业结构,从而提高产品附加值。

② 本底:农业种植全面提升。将现有的自家分散型种植发展为规模化、标准化种植,鼓励发展龙头企业、家庭农场、农民合作社等多种形式并存的农业种植主体,同时多元发展油茶、杨梅等其他种植业,丰富种植业主体。

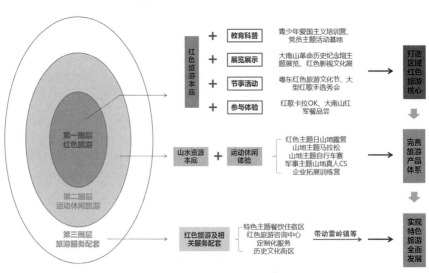

图 5-15 红色旅游业产业体系

注:CS 即 Counter Strike,表示反恐精英。

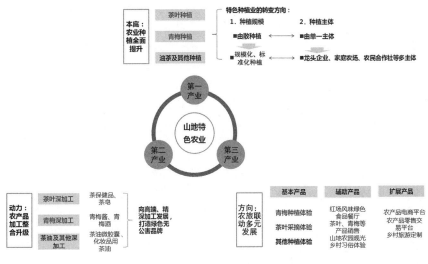

图 5-16 山地特色农业产业体系

③ 动力：农产品加工整合升级。整合现有加工业，由低端的粗加工向高端的精深加工发展升级，打造以茶叶深加工、青梅深加工等产品为主体的红场绿色无公害品牌。

3）空间行动统筹：为"多彩蜕变"提供"多方支撑"

通过"一轴一带一心两点"的空间发展体系，实现土地资源的最大化利用和山地空间的精致化打造，为产业的发展和提升提供空间引导与支持，同时为未来五年具体行动提供空间载体。

此外，通过全域支撑体系，比如镇域公共服务体系、重大基础设施体系等，以及重点组团详细规划，四个维度的系列行动计划（基础设施优化型、产业精明增长型、空间肌理重塑型、公共服务补缺型），支撑产业和空间发展策略，实现"一张蓝图下的规划行动"。

5.4.2 新文化成田：在坚持传统的同时拥抱互联网文化⑦

潮南区成田镇位于潮南区东南方，大南山北麓，东邻陇田镇，东北接和平镇，西北连胪岗镇，南与雷岭镇、惠来县交界。相比于潮南区的滨海地标陇田镇、货运枢纽胪岗镇，在区位上，成田镇并不具有与区域便捷联动的优势。但是，成田镇用它的传统文化，即国家级非物质文化遗产——大寮嵌瓷（图 5-17），省级非物质文化遗产——西岐英歌舞，"电影之父"郑正秋故居遗址，以及现代资源（家乡人马化腾的互联网思维）这些无形而有效的"交通方式"，正在一步步走出潮南区，走出广东省乃至海外更广的区域。

事实上，《汕头市潮南区城乡总体规划（2013—2030 年）》就提出将成田镇和胪岗镇作为"成港组团"发展，将其定位为"潮南东部片区综合服务中心，水城交融、田城交融的生态镇区，潮南文化展示区"，强

图 5-17 成田镇大寮嵌瓷

调将发展潮南文化作为城镇发展的重要职能。之后,我们也见证了成田镇对文化发展的重视,不仅完成了大寮嵌瓷的国家级申遗,而且以村居为单位,举办了大大小小的文化活动,建立了文化中心。

但是成田镇软实力的传统文化资源并没有真正转换成经济驱动力。在"十二五"期间,成田镇的国内生产总值(GDP)总量在全区 11 个镇中排第 7 位,仅高于其他四个农业镇,在同类城镇里发展最弱。面对一个以文化见长的城镇,我们不禁担忧:该如何产品化文化资源,提升成田镇的经济实力?我们该如何以成田镇为鉴,探究新时代下传统文化的传承与创新?

1)引入新兴模式动核,唤醒传统产业疲态:数据平台,三次产业互联,构建"互联网+"的成田产业体系

在新时代下,传统文化镇面临的最大威胁在于:在外界的高速发展环境下,相对静态的物质(文化资源)会自然消亡。为了避免这样的文化厄运,我们必须引入紧跟时代发展速度的新物质,与传统文化组合,形成新的并且不会被时代淘汰的动核。

幸运的是,成田镇自身就有发展新动核的潜力。作为"腾讯之父"马化腾的故乡,成田镇看到了发展"互联网+"思维的机会。在这样的

地利人和下，我们提出以"互联网＋"网络体系构建成田镇的产业结构，让传统文化、传统产业在互联网平台的新运作模式下，碰撞出新的火花，创造出高效高产的价值（图 5-18），即建立成田镇"互联网＋"模式下的三次产业互联发展。

(1) 一个模式：打造"互联网＋"的产业网络体系，统筹兼顾成田镇的整体产业发展

以家美社区（腾讯创始人马化腾故乡）为依托，打造"互联网＋"的产业网络体系。在传统产业模式发展的基础上，通过互联网平台的共享功能，重新进行机会与资源的整合。通过打造"社区农场""旅游微平台"等项目，提升三次产业的产出效率和质量，构建一个贯穿整个产业的发展模式（图 5-19）。

(2) 两大特色：依托成田镇"互联网＋"产业模式，创新发展现代农业和创新研发制造

现代农业特色：以现代都市农业产业体系构建为核心，通过农业生产、农产品加工、农产品销售各个环节的互动发展，形成农业创新发展格局。其中，在农业生产过程中，通过"互联网＋"的产业模式引入新技术、资金，围绕产业化农业、生态农业、特色农业，发展优质粮生产基地、无公害蔬菜生产基地、优质水果生产基地，打造绿色食品安全基地。通过简朴村农业产业片区，推广"优、稀、特"农产品，发展农产品深加工，并通过"互联网＋"的模式将现代农业积极与乡村旅游、社区支持农业（CSA）等项目相衔接，延伸农业产业链条，提高农产品附加值。通过田中央居民委员会打造"互联网＋"商贸中心，并结合农业产业片区的物流配套产业，实现农产品的展览展示、销售、技术推广与运输（图 5-20）。

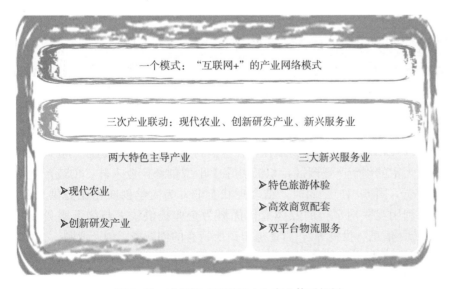

图 5-18 成田镇"互联网＋"产业体系规划

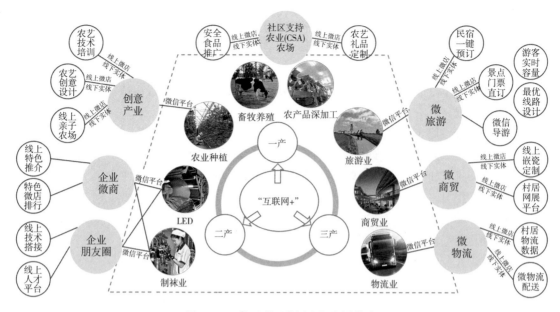

图 5-19 成田"互联网+"发展模式

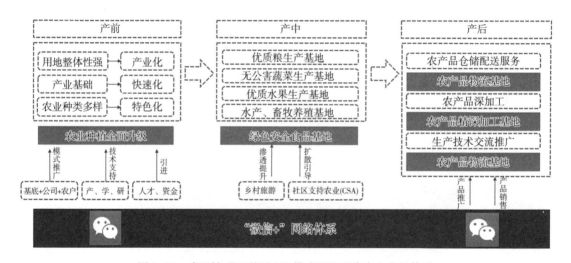

图 5-20 成田镇"互联网+"模式下的现代农业发展体系

创新研发产业特色：以成田镇现有的发光二极管（Light Emitting Diode, LED）产业转型为依托，在深沟村与家美社区打造以创新研发型产业为主的创新产业园区，积极引导中小型创新产业入驻，创造产业聚集效应（图 5-21）。同时，结合现状企业，为大学创新创业提供平台，同时利用互联网平台的媒体宣传优势为企业提供线上与线下服务支持（宣传、信息、投资等），打造成田镇所特有的创新型双创产业园。

（3）依托成田镇"互联网+"产业模式，发展"物、商、旅"三大新兴服务业

"互联网+旅游"服务（图 5-22）：依托成田镇不可移动文物、非

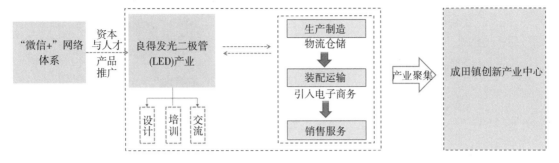

图 5-21　成田镇"互联网＋"模式下的创新研发产业体系

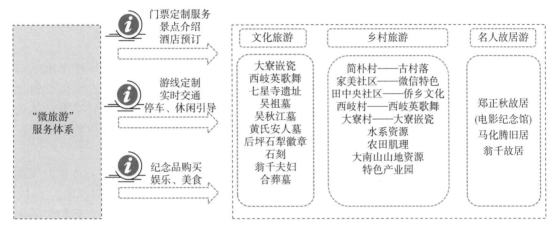

图 5-22　成田镇"互联网＋"模式下的旅游服务体系

物质文化遗产、生态文明村、名人故居等旅游资源，形成文化旅游、乡村旅游、名人故居游相结合的三大旅游路径。其中文化旅游以大寮嵌瓷、西岐英歌舞等非物质文化遗产及七星岩等不可移动遗迹为依托，彰显成田镇的文化资源；乡村旅游以简朴村、西岐村等特色村落，镇区的水系、大南山林地、农田肌理，以及农业产业、创新产业旅游为依托，打造乡村旅游服务；名人故居旅游依托郑正秋、马化腾等侨乡故居空间，结合节庆活动打造多方位的旅游体验。通过互联网平台，提供包括门票、酒店预订、景点介绍、旅游线路定制等全方位的旅游配套支持。

"互联网＋商贸"服务：成田镇商贸服务主要分为面向镇区生产、生活的城镇服务中心和面向镇区旅游的互联网服务中心。镇区服务中心打造点面结合、层次化的镇域商贸服务体系，依托现状商贸设施进行升级改造，打造面向生产、服务先进制造业的核心商贸功能；在镇区组团各居住片区，构建以社区化的商贸服务为核心功能、面向生活服务的商贸服务站体系，全面提升全镇商贸服务水平（图 5-23）。在"互联网＋"服务中心，主要提供旅游服务支撑，减少对镇区生产、生活的压力，同时提高镇区的形象品质。

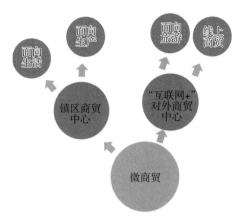

图 5-23　成田镇"互联网+"模式下的商贸服务体系

"互联网+物流"服务：近期建设期间发挥距离沈海高速出入口 10 km 的区位优势，以及陈沙大道、和惠公路贯穿镇域的区位交通优势，吸引物流项目入驻，建设货物集散、中转、配送、加工为一体的地区物流服务中心；远期与疏港铁路物流中心形成区域功能的层次衔接（图 5-24）。

2）虚实空间共建，焕发城镇活力；近期建设重点组团，远期开发虚拟平台，共促成田创新转型

在引入新兴的互联网模式，发展成田镇新动核的同时，我们也需要考虑规划项目的落地建设。在新时代下，城镇空间不再局限在三维实体空间，而拓展到更多维的虚拟空间。在这样的时代趋势下，结合互联网平台，将虚拟空间作为项目的承载地，也是成田镇未来可行和必然的发展方向。

（1）近期成田镇的发展以重点组团为主，发展"两心两片"

"微信+"服务中心：对于家美社区、田中央社区，位于陈沙大道两

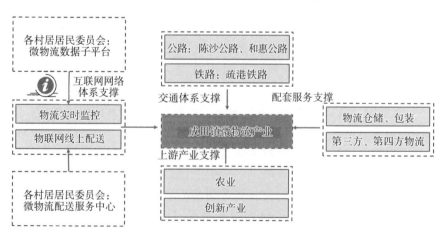

图 5-24　成田镇"互联网+"模式下的物流服务体系

侧的区域为重点，打造成田镇的旅游服务核心，在空间形态上包含服务旅游的休闲娱乐中心、酒店、文化展示厅、文化体验与传承基地、绿色安全食品餐厅等。

城镇服务中心：以成田镇田中央社区商贸区域为重点，在原有规模基础上进行升级扩建，打造汕南现代服务核心，在空间形态上包含服务于本地居民的社区商贸市场、社区文化站、社区医疗站、村居公园等。

创新产业片区：以成田镇北部的广东良得光电科技有限公司作为产业转型升级的区域性平台空间抓手。在深沟村与家美社区打造以创新研发型产业为主的创新产业园区，配套行政办公、教育科研等公共服务设施，为创新企业的入驻提供空间及服务的全面支持。

农业产业片区：以成田镇的农业产业基础作为区域性的空间抓手，在简朴村陈沙大道两侧打造以农业产业为主的农业产业片区，配套物流业、农产品深加工等业态，为成田镇的农业产业发展提供全方位的服务。

（2）远期成田镇可考虑虚拟平台的建设，发展线上文化馆

随着"无人值守超市"的出现，我们已经进入了无网不在的时代。"互联网＋"不仅仅是一种市场发展理念，更是一跃成为国家战略。互联网信息消费为我们提供了一种全新的生活方式，也对我们的社会形态与经济形态产生了巨大影响。进一步来讲，"互联网＋"也渗透到我们生活的方方面面，包括文化设施、服务设施、康养设施等。在社区层面，智慧化治理的社区也开始在大城市出现。本着公平、均等的原则，线上文化设施必将成为民生服务的重要形式。

在新时代下，成田镇以及其他若干文化小城镇也可以慢慢建立起线上文化空间，包括以"线上文化馆"为主的虚拟空间，以及以文化教育传播功能为主的个性化服务模式。线上文化馆不仅是线下文化馆的门户网站，而且是一个全方位体现文化馆职能的综合服务平台。在这个平台上，将承载信息传递，文化服务配送平台、网上同期发布、互动，演出直播，在线文艺辅导，文艺作品、非物质文化遗产项目的数字化推广，需求与反馈等众多业务和服务项目。可以全方位地展示和推广大寮嵌瓷艺术、西岐英歌舞文化、"郑正秋"电影历程等文化。成田镇，这个拥有大寮嵌瓷等非物质文化遗产，并有着互联网平台建设机会的传统城镇，正秉承着"互联网＋"的发展模式，顺应时代呼吁，逐渐走出传统发展疲态，不断焕发着城镇活力。

5.4.3 传统陇美村：非物质文化遗产保护与经济发展并行[⑧]

1）陇美村概况

陇美村位于汕头市潮南区峡山街道新规划区的中心，北邻溪南村，

东至东溪村,南接潮东村,西靠华侨村,区位优势十分明显。为响应国家建设美丽乡村以及广东省建设社会主义新农村的号召要求,紧抓汕头市"创文强管"的政策大潮,实施陇美村美丽乡村规划。规划中主要以人为本、因地制宜,依托现有农业种植基础,将乡村传统文化根植于现代农业中,着重发展生态农业、乡村休闲旅居,打造生态环境良好、基础设施配套、产业提质增效、社会和谐稳定、潮汕特色鲜明的社会主义新农村。

陇美村创于明崇祯年间(1628—1644年),寨建陇地上称"陇里",后称今名。陇美村有油漆、绘画、绣袍、雕刻、建筑等传统工艺,特别是油漆、绘画等传统工艺闻名海内外,金漆画被评为省级非物质文化遗产,对传统的民居住宅装饰有很大的影响。村内共有20多家从事金漆画传统工艺生产的企业,有多个著名的古建筑工艺师,有华丽多彩的传统建筑祠堂、"四点金"和"下山虎",并配套建设有老年人活动中心、幼儿园、篮球场等。每逢元宵节,陇美村都会举办一次大型的元宵灯谜竞猜活动,以活跃村民的文娱生活。

2)规划基本思路

(1)清理环境,扩大空间容量:积极清理破败的闲置住宅、庭院以及违章建筑,对沿街建筑设施、商业活动临时设施、生活废弃物进行综合整治,对道路两侧、街头绿地、广场等主要生活空间进行清理扩容,改善村庄内部环境。

(2)梳理空间肌理,优化空间结构:梳理村庄可利用空间,组织道路交通体系,串联村庄各公共活动节点、公共绿地与公共服务设施,合理布局停车场地与庭院空间。

(3)装扮空间,提升环境质量:在清理基础上,结合村庄内部可建设用地,设计村庄内部景观节点与中心绿地,积极引导村民自身改造庭院空间及围墙。

(4)丰富业态,提升公共服务:通过经济、政策方式引导和鼓励村民自主建设,引导村民改造住宅建筑为零售、休闲、餐饮、民宿等设施,发展村庄服务业态。

(5)强化管理,建立长效管理机制:建立村庄"规划设计—实施建设—管理运营"的全过程管理机制,对公共服务、环境卫生、绿化景观等方面内容进行长效管理,配套标识系统,安装视频监视器等安全管理设施(图5-25)。

3)找寻乡村发展动力

以陇美村农业资源、传统手工艺文化资源为发展抓手(专栏5-1),积极引入新兴产业发展思路和模式,构建陇美村"1+1+1>3"的产业转型体系(图5-26)。

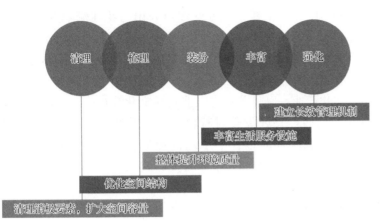

图 5-25 规划基本思路

专栏 5-1 案例借鉴：成都三圣花乡

三圣花乡位于成都市锦江区，创造性地打造了花乡农居、幸福梅林、江家菜地、荷塘月色、东篱菊园五个农业主题景区，集乡村旅游、休闲度假、文化创意、商务等于一体，被评为"国家 AAAA 级旅游景区""首批全国农业旅游示范点"等称号。

借鉴点：

(1) 以现代农业为发展基础，打造多元生态旅游；

(2) 因地制宜，分别打造不同区域特色经济品牌；

(3) 开发建设注入文化因子和产业因素，变单一农业为休闲、体验的文化旅游活动，增加传统产业附加值；

(4) 采取自主经营、合作联营、出租经营等多样化经营方式，以市场为导向，延伸农业产业链，致富农民。

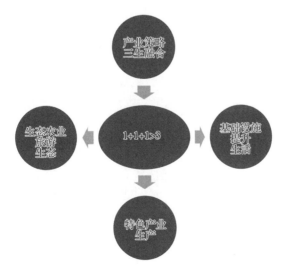

图 5-26 "1+1+1＞3"产业转型体系

5 行动：推动乡村振兴的规划实践 | 117

"生态农业+"：依托当地 600 多亩农田与练江流域发挥生态优势，同时也保护自身的乡村基底。在传统农业基础上面向都市消费人群衍生出的农业旅游、田园综合体建设、观光体验等产业，进一步拓宽了农民就业与增收渠道。

特色文化产业：以陇美村省级非物质文化遗产——金漆画、木雕为转折点和敲门砖，打开陇美村特色产业发展的大门。以手工艺展示、亲子特色工艺教学体验以及手工艺商业体验一条街为重点配套产品，改善陇美村的生活环境，提升基础设施建设水平。运用"政府指导、村民参与、共同发展"的模式发展传统手工艺产业，完善传统手工艺体系，挖掘潮汕传统历史文化和民俗风情，与陇美村当地的历史村落等载体有机结合。保留形成陇美村传统手工艺旅游的文化内核，并有门槛、有选择性地引入文化艺术、创意产业、展览展示、节事活动等新的元素，带动发展动力，将传统农业种植提升为"创意农业"，将传统手工艺提升为"传、教、商一体的商业体验传统手工艺"（图 5-27）。

4）落实本地重点项目

生态休闲农业体验基地：主要包括三类，即社区支持农业（CSA）农场、农耕体验和生态水环境观光。

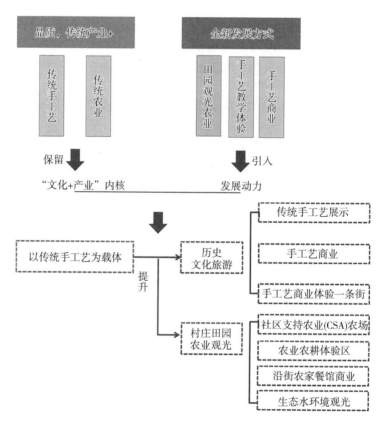

图 5-27 传统文化产业特色发展

以社区支持农业（CSA）农场为主的农业体验：在村庄北部规划蔬果采摘乐园、农家特色餐饮；在农田密集地区设置绿色蔬菜采摘园，致力于引导都市人群的周末休闲新去向。

农耕体验：一方面，可通过在农户家中吃农饭、干农活、体验农家生活，参观绿色食品生产过程，了解食品加工特色；另一方面，针对村庄的中小学生开展"第二课堂"，学生可凭"第二课堂券"来农耕园播种蔬菜、瓜果等农作物，由农耕园提供种子、土地和工具，并有专业人员对其进行指导，播种后至收获前由农耕园负责管理，青少年学生可在此辨识农作物，参与田间耕作，体会劳动的艰辛与快乐。

生态水环境观光：搭上练江三年环境大整治的直通车，随着后期练江水资源环境的改善，乡村水环境成为村落发展的一大助力，因而在前期规划时，需要考虑到水环境的发展与优化，需要先进行水系整治、沟渠疏通。

（1）特色产业——传统手工艺技艺传承发展

陇美村具有优势传统产业，即省级非物质文化遗产——金漆画和木雕，这是周边村庄地区都不具备的特色，也是当地文化的一种传承方式，是文化的保留。因此，在规划中，针对传统手工艺产业，我们做了三个分区。

手工艺展示区：将现有的手工艺老艺人聚集起来，做一个综合的手工艺展示区，供外来人士参观。

商业区：村庄主要道路的沿街商铺做特色传统商业，出售手工艺商品以及衍生品。

体验一条街：可以让游客进来参观，让其体验木雕技艺，还可以组织现场教学，让游客自己动手雕刻，成品可以带走，寓教于乐，促进文化传播。

（2）生态、生活、生产"三生融合"

除了生态与生产，还有生活。需要改善村民的生活条件，就需要改善村庄基础设施建设，前期先建设完善村庄的基础设施，保障村民的基本生活环境得到大幅度提升。

5）乡村治理思路

（1）生态先行

充分利用村中现有的农田、水体资源，将其融入生活当中，增加村中的生态景观要素，打造优美的乡村环境。

（2）乡村文化符号彰显

挖掘陇美村传统建筑符号、民间特色文化，打造潮南区特色乡村新名片。

（3）服务供给均等化

在未来的发展中，应完善村中道路等基础服务设施和村庄公共服务设施，保证村庄服务齐全、服务质量均等。

（4）村民乡贤充分参与

在乡村发展的浪潮中，村民乡贤成了不可或缺的力量。他们深植乡土，心怀热忱，积极参与乡村治理与建设。无论是规划讨论、项目实施，还是文化传承、环境保护，村民乡贤都以身作则，引领示范。他们凭借丰富的经验和独到的见解，为乡村发展注入智慧与活力。在村务决策中，村民乡贤更是积极建言献策，确保各项举措符合民意、贴近实际。这种充分参与的模式，不仅推动了乡村的全面振兴，而且彰显了乡贤文化的深厚底蕴与时代价值。

5.5 以生态振兴为主的乡村规划实践

汕头乡村拥有生态环境、历史文化、人文风情等禀赋优势。如何利用资源禀赋打造一批集成现代农业、文化旅游、田园社区的美丽田园综合体，创造出属于汕头特色的田园综合体，是我们一直在思考的问题。例如，在澄海区溪南镇，依托其已建成的一批有较高影响力和知名度的农业技术示范基地，打造聚集山水游憩、水乡度假、文化展示、滨水休闲、康体养生等功能的水乡田园综合体；在潮阳区金灶镇，依托其作为粤东地区特色水果主要生产地和重要集散地的产业基础，打造聚集农业科技、农业体验、生态休闲、文化教育等功能的现代化田园综合体。

2020年9月，《国务院办公厅转发国家发展改革委关于促进特色小镇规范健康发展的意见的通知》（国办发〔2020〕33号）发布。借助特色小镇政策，依托汕头各建制镇在产业、区位交通、生态人文资源、宜居配套等方面的优势条件，打造一批产业特色鲜明、生态环境优美、人文气息浓厚、城镇功能完善的美丽特色小城镇⑨。例如，澄海区莲华镇依托区域内的远东国兰和莲华乡村旅游区，可打造聚集康体养生、度假休闲等多元功能的潮汕花乡小镇；潮阳区谷饶镇可依托其内衣产业的良好基础，通过建设工业设计中心、智能内衣研发中心、技术检测服务平台、综合智能物流中心、专门化总部基地等新型载体，着力构建高端要素集聚平台，促进产业发展向"微笑曲线"两端延伸，打造现代化智能内衣小镇；龙湖区新溪镇可依托广东绍河珍珠有限公司等珍珠龙头企业，延伸珍珠精深加工、珍珠文化创意、珍珠商贸服务、珍珠会展经济以及构建珍珠交易展示平台等产业链环节，同时整合周边的自然人文资源，打造珍珠旅游休闲小镇。

5.5.1 生态促经济：练江滨海发展示范片区整治⑩

练江滨海发展示范片区（简称"示范区"）依托陇田镇、井都镇建设发展，这里依山傍河、拥江抱海，集潮南区的江、湾、山、水、林、田等资源于一身，同时也共享练江流域治理等生态修复工程的红利。示范区北部区域为练江中下游平原，地势平坦开阔；南部依托大南山，大南山森林面积约为 13 km²，自然景观和人文景观资源非常丰富；东濒南海，拥有 14.7 km 的优美的黄金海岸线；片区内南山截流、练江及其支流密布，水资源充沛。这些资源均为旅游休闲等现代服务业的发展提供了优质的资源条件。

作为潮南区沿海两镇，由于长期无序经营和分散式工业发展，示范区的生态环境依然存在湿地退化、海岸带污染、土壤污染等情况。为保护生态环境，真正实现百亿级滨海服务功能，必须进行生态修复治理工作（图 5-28）。南京大学城市规划设计研究院北京分院提出了以下三大生态修复策略：

1）建立滨海生态保护区

根据国土空间规划及相关研究成果，将建立滨海生态保护区作为首要任务，实现区域经济与环境的和谐发展。推进滨海湿地修复，加快海岸线整治修复，强化陆海污染联防联治，加快推进污染物排海总量控制，建立污染物排海总量控制试点。通过建设海洋公园、清理人工构筑物、退养还滩、退圈还海、清淤疏浚和建设生态廊道等多种方式，重点整治修复破碎化严重、功能退化和集中连片的海岸线，建立陆海统筹和标本兼治的综合整治修复模式，保持海岸线的自然风貌和文化特色。

2）推进滨海生态修复，着力打造滨海生态游憩景观带

在近期建设行动中，要着力打造滨海生态游憩景观带。力争在 2025 年基本完成规划范围内的滨海生态空间修复，打造游憩景观带建设，打造兼生态观光、度假休闲于一体的开放式滨海生态景观廊道，满足广大市民和游客休闲娱乐、观景健身等需要。在纺织印染中心东南部打造滨海智慧活力核，建设滨海数字艺术馆等特色空间。

图 5-28　生态环境整治

3) 结合节能环保产业发展，加大对相关企业的招商引资力度

加大对污染控制、减排、清洁和废弃物处理企业的招商引资力度。引进先进的环保技术和装备应用，如节能减排漂染工艺、纺织印染污水处理、垃圾处理、脱硫脱硝、土壤修复、检测设备等方面。大力发展第三方咨询、检测、培训、认证、监理等服务。培育以资金融通和投入、工程设计和建设、设施运营和维护、技术咨询和人才培训为主要内容的环保产业服务体系。

5.5.2　绿色新产业：用生态本色焕新康养慢活乡镇[①]

潮南区仙城镇居大南山北麓之位，潮、普、惠三区县（市）交界之所。仙城镇的生态禀赋、景观胜地于潮南前列，名扬翠峰岩之府，仙湖水之邸（图5-29）。古语"山不在高，有仙则名；水不在深，有龙则灵"，今感"城不求大，有魂则灵"。仙城者，有魂之灵镇，其魂藏于山川绿水，其灵显于田园人家。

南京大学城市规划设计研究院北京分院自2012年服务于潮南区，仙城镇的山水风致一直是我们所惊叹的。我们时时思索："如果我来规划这样一方灵地，该如何渲染她的美，提升她的气？"慢慢地，我们意识到天然之地不需要粉黛加掩，留住本色，突出她本来的灵气就是最好的选择。

1）本色魅力大王牌——"生态""产业""服务""品质"突显仙城潜力

她的本色是什么呢？通过对仙城镇的梳理，我们认识到仙城有四张本色王牌：生态牌、产业牌、服务牌以及品质牌。

图5-29　仙湖风景区

（1）生态牌：陈沙大道沿线生态资源最优镇

在练江平原区域，概览陈沙大道沿线城镇不难发现，仙城镇可以"生态、旅游资源，环境污染小"的绝对优势称王。

（2）产业牌：潮汕绿色食品安全基地

在"广东省食品安全示范镇"的称号下，仙城镇近年来不断创优，引进和扩大杂优、优质水稻和我国台湾地区的蕉柑、青梅、橄榄等特色效益农产品，发展特色产品，仙城束砂、凉果的知名度不断增大。同时，在优质生态环境的铺垫下，仙城"潮汕绿色食品安全基地"的王牌优势不断凸显。

（3）服务牌：养老养生小镇

全镇对外交通联系便利，有较好的支撑系统基础；产业以第一产业、第三产业为主，有宜人的服务业发展环境；景观望山亲水，有丰富的旅游服务业本体资源。

（4）品质牌：慢生活休闲特色镇

仙城镇工业极少，农业和旅游业相对发达。这看似"经济底子薄"的老镇，让仙城镇远离了喧嚣、快节奏，是发展"慢生活"的首选镇；同时，"广东省特色旅游镇"的荣誉更加强了她的品质王牌优势。

在四张王牌下，"汕南慢城小镇，绿色康养后花园"的仙城定位呼之欲出。朝着这一定位，我们怎么打好这四张王牌呢？构建"健康生态产业态"和"慢行田园小街坊"，是我们的核心策略。

2）健康生态产业态——文化带动旅游、旅游推动工业、农旅产业融合，构建仙城产业体系

（1）发展现代农业

在仙城镇现有的农业基础上，推行绿色经济模式，发展现代农业。通过"绿色经济种植""科技技术支持""发展农特景观体验""导入休闲农业旅游"的四大方向，提高农业附加值，构建农业全产业链体系（图5-30）。

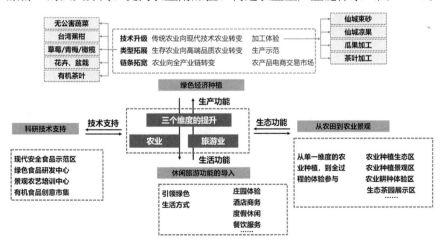

图5-30　农业全产业链体系

(2) 发展特色工业会展服务

在仙城镇的优生态、优品质环境下，依托潮南区两英会展中心，发展特色工艺会展服务业（图 5-31），展现地方文化内涵和传统工艺：一方面，展示黄金饰品、非遗产品、民间手工艺等富有地方文化特色的产品，成为推广本地工艺的窗口；另一方面，通过特色工艺会展的设立，丰富仙城"慢生活"的内涵，营造休闲、惬意、文化浓郁的氛围。

(3) 发展康养旅游服务业

利用大南山地区的旅游景点、半山茶园、果蔬种植基地，逐步将仙城镇建设成以绿色休闲为主体的特色片区。

① 推广健康茶饮＋绿色食品：鉴赏茶饮品、品味茶文化、体验茶风俗、营造慢生活。通过开展茶文化旅游、茶产品会展旅游、茶文化节庆旅游等宣扬传统茶文化，同时由旅游带动的旅游购物、餐饮、娱乐等相关行业，发展以茶文化旅游为核心的茶消费群（图 5-32）。

② 发展康养休闲度假：满足回归自然、绿色纯净、养生乐活的诉求。以健康养生为核心理念，可以提供"健康体检、健康促进、健康管理"的一体化服务（图 5-33）。致力于倡导新型健康乐活的生活方式，打造潮南人向往的宜居宜游小镇。

③ 慢生活体验旅游：打造仙城"慢城"特色小镇。借助仙城的农业资源优势，发掘当地民俗文化与慢城特色的融合，通过慢餐文化、慢行文化、慢运动文化和慢旅游文化，打造最具魅力的、原汁原味的"慢城文化"（图 5-34）。

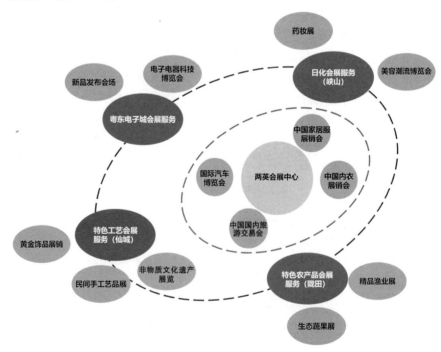

图 5-31　工业会展服务

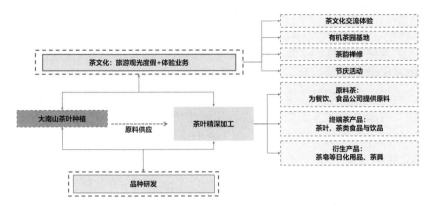

图 5-32 茶文化旅游

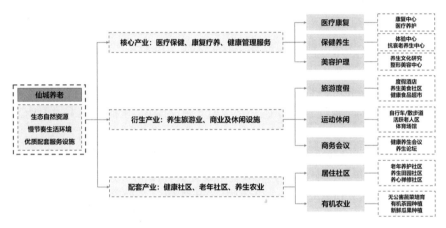

图 5-33 健康养生

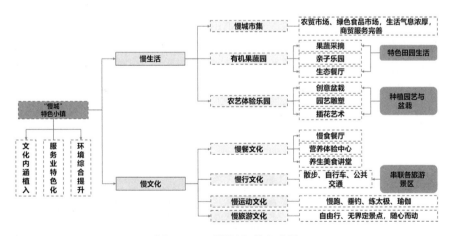

图 5-34 "慢城"特色小镇

3)慢行田园小街坊——"仙门慢街坊""金竹慢活核"引领潮南"慢生活"体验

通过"仙门城社区规划与重点片区城市设计"以及"汕头市潮南区

陈沙大道双创走廊概念规划国际竞赛"项目，识别并规划了仙门城和金竹村两处"慢活核"，通过村庄微改造的方式，植入现代农业，建设特色民宿，延伸乡村旅游，将这处塑造成潮南区特色农旅服务点，从而带动周边及区域内的类似村庄升级改造。

仙城，这个拥有"生态""产业""服务""品质"四张王牌的灵地，正在"健康生态产业态"和"慢行田园小街坊"的核心策略下，不断凸显她的魅力，不断焕发新的活力，成为大家心中的康养慢活镇，城市"第二居所"！

5.5.3　农业新模式：产业升级构建乡镇新发展格局[⑫]

潮南区井都镇地处潮南区最东部，北与潮阳区中心城镇隔江相望，拥有潮南区唯一的港口和7.5 km长的海岸线。在生态禀赋方面，井都镇的农业资源居潮南区前列，素有"南海之滨、鱼米之乡"之美誉。

近年来，井都镇因地制宜，因势利导，致力做活"农"字文章，积极发展现代农业，初步形成了"蔬菜种植、水产养殖、海洋捕捞、水产品加工、畜禽饲养"五大特色经济支柱，镇内的"井都菜脯""上南蔬菜""珍味源"水产品、"绿都种猪"等品牌远近闻名（图5-35）。

1）依托区位升级与外部动力，寻求二三产业"双提升"

自2012年起，南京大学城市规划设计研究院北京分院承担潮南区的多项规划任务，借此机会我也多次走访井都镇。我们意识到井都镇不甘愿只作汕头的"菜篮子"，单靠一个"农"字也确实无法华丽转身、跃过龙门的。那么，井都镇到底有哪些可乘之风、可踏之浪？我们总结为以下三大机会：

第一个机会，我们认为是井都镇的双园区产业发展机会。井都镇拥有省级的环保产业园项目和潮南台湾农民创业园两大园区（图5-36），并且从独特性来说农民创业园是整个广东省唯一一个拥有海岸线的创业园区。拥有这么一个工农双产业园区的独特条件是潮南区其他镇所不具有的，在体现国家新型绿色增长方式的同时，也给井都镇的未来发展提供了一个方向。

（a）福田古寺　　　　　（b）井都菜脯　　　　　（c）海滨风光

图5-35　井都风物

 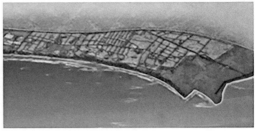

(a) 潮南环保产业园　　　　　　　　(b) 潮南台湾农民创业园

图 5-36　海岸线创业园区

第二个机会，我们认为是旅游业的一个发展机会（图 5-37）。近些年家庭式的亲子旅游如火如荼，井都镇也具备这样乘风发展的优势。一方面我们获悉潮南台湾农民创业园计划要打造以新鲜观光、乡土风情体验为主题的现代观光农业园，面向的客群就是家庭旅游客群；另一方面井都镇特色的农业种植与水产养殖业相对发达，而这些恰恰是家庭式亲子旅游的重要组成部分，同时又能够与陇田镇未来规划的中高端旅游形成区域协同和差异化发展。

第三个机会，我们认为是井都镇物流业的发展机会。现在沈海高速穿过井都镇，未来潮汕二环高速也要开展建设，而且将在井都设置高速出入口，这将大大地拉近井都镇与潮汕揭大区域联系。因此，井都镇未来是具有发展物流业基础的，建设面向大区域蔬菜、水产品的物流中转站，服务井都镇内部的产业发展需求明晰。

2) 以现代农业发展为根基，激活二三产业的跨越式、融合式发展

在三大机会下，怎么去乘风，怎么去踏浪？"南海之滨、生态乐园"的城镇愿景呼之欲出，朝着这一定位，我们提出"1+2+2"三大产业转型体系，即现代农业、水产品加工业＋先进纺织业、新兴物流业＋特色旅游业。

(1) 在农业上，以上南、平湖西无公害绿色食品安全基地为基础，发展现代农业（图 5-38），构建井都镇的第一产业。

一方面，我们提出以潮南台湾农民创业园的近期开发建设为契机，为周边产业提供优质品种、先进技术，辐射带动上南、平湖西无公害蔬菜生产基地的发展，进而延伸产业链供给。另一方面，针对不同客群扩大井都镇渔业养殖类型，从传统单一的鱼类养殖扩大到甲壳类养殖、其他品种养殖，实现渔业养殖类型的多样化；同时做好养殖技术培训、水体检测、饲料加工等配套产业支撑，融入乡村旅游业，增加产业附加值。

(2) 在制造业上，借力潮南区纺织印染环保综合处理中心建设与现有的水产品加工产业，打造先进纺织业、水产品加工业，推进井都镇第二产业的发展。

5　行动：推动乡村振兴的规划实践　｜ **127**

图 5-37　井都农民协会旧址（左）、福田古寺（右）

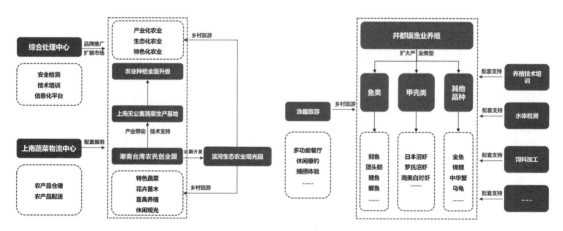

图 5-38　现代农业发展策略

我们提出以潮南区纺织印染环保综合处理中心的建设为核心，率先实现印染企业的全面改造升级，将纺织印染工业镇转型成为创新型高效产业、节能降耗环保与资源循环利用产业为特色的先进制造业重镇。

构建以丰富纺织产品体系为主，多样化的生产环节为特色的先进制造业生产网络体系。在巩固扩大现有纺织品类型的基础上，引导地区成品制造企业拓展产业门类，向家用纺织品、产业用纺织品等方向横向拓展，抢占潜力市场。在生产环节上，着力培养行业领导企业，并建立专家型小企业服务中心，推动建立"领导企业＋小企业综合枢纽＋专家型小企业集群"的生产网络体系（图 5-39）。

（3）在水产品加工业上，我们提出以现有本地特色水产品加工产业为依托，继续扩大产业加工类型与门类，同时成立现代渔业协会，建立健全行业管理体系，提高产品质量扩大产品市场；此外，还可与旅游业相结合提高产品的影响力与知名度（图 5-40）。

（4）在服务业上，以潮汕二环高速出入口建立为契机以及借助特色旅游资源优势，打造新兴物流业、特色旅游业，丰富井都镇的第三产业。

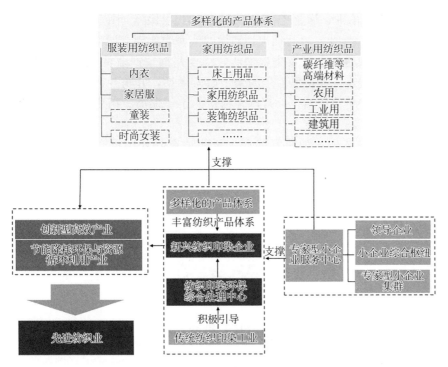

图 5-39　先进纺织业发展策略

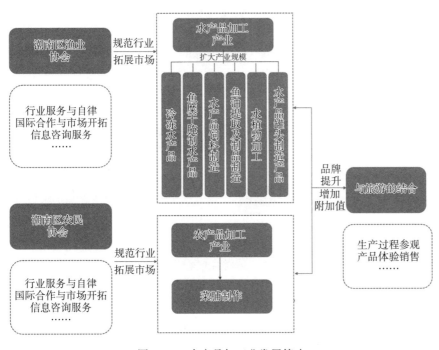

图 5-40　水产品加工业发展策略

① 新兴物流业：结合潮汕二环高速在井都镇设置出入口的交通优势，现有蔬菜物流中心以及潮南区规划建设井都镇水产品物流中心的机遇，我们提出建设集散、中转、配送、加工为一体的潮南区蔬菜水产品物流中转

站,为井都镇农业、渔业产品的仓储与运输提供保障(图5-41)。

② 特色旅游业:以近期规划建设的滨海农业观光园为依托,将其作为井都镇的旅游核心以及集散中心,结合井都镇产业特色发展以农业、渔业、生态观光三大特色为主的亲子旅游体系,并与井都镇一些不可移动的文物保护单位相结合,打造井都镇的亲子旅游、历史人文旅游两大旅游体系链(图5-42)。

随着潮南区步入加速发展期,井都镇充分利用机会优势,为建设"南海之滨、生态乐园"的幸福井都,实现富民强镇梦而不懈奋斗,上演"鱼化为龙"的好戏。

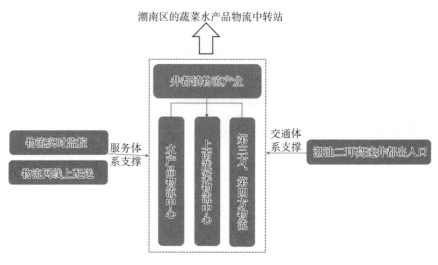

图5-41 新兴物流业发展策略

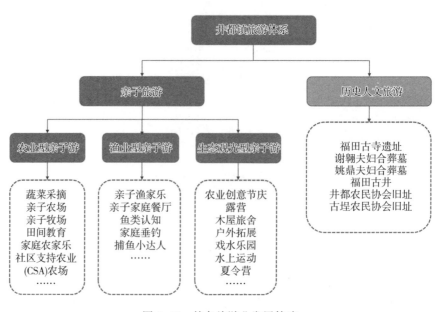

图5-42 特色旅游业发展策略

5.5.4 美好新篇章：量身定制建设乡镇生活新环境[13]

仙门城社区位于汕头市潮南区西北部，北至汕南大道，南至陈沙大道，西邻普宁市，距离潮南区 16 km、汕头市区 50 km。仙门城社区占地规模不算大，却是全国人口第二大的城镇社区，社区居民的生活淳朴而又欢乐。这里的居民以热闹的陈仙公路与柏翘大道为生活中心，出行依靠日渐普及的私家车及随性的摩托车。古村乡野，四季田园常绿不败，物产丰饶。仙湖风景区、大南山生态片区是社区居民的后花园，良好的生态资源结合城镇经济、社会发展，为仙门城社区带来因循当地生活的独特社区营建基础。

在社区规划中，我们从产业重构、功能提升、空间优化、生态反哺以及机制创新等方面对仙门城社区的整体发展量身定制引导纲领。

1) 产业重构，跨越发展的搭档升级

通过三次产业的组合模式创新，更有效带动生产资料的经济价值开发，释放社区产业经济活力。

"一产＋三产"跨越搭档，将集聚的生态资源转化为旅游等服务业资源。充分调动仙城镇生态优势，依托社区外围集中连片的农林用地，打造集农业观光、果蔬采摘、都市农园等产品为一体的生态休闲区域，做强仙门城慢生活休闲社区品牌。

二产重点打造生态环保型示范园区，大力发展农产品加工业，向上游为一产发展提供生产性服务；升级纺织工业、商贸物流基地，建设商务办公、商业服务设施，向下游为三产发展提供生产资料，高效串联社区产业体系（图 5-43）。

2) 功能提升，舒适便捷的慢慢生活

划分片区，突出主题。明确打造五大主题功能片区，基于各片区主

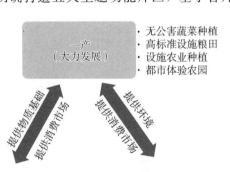

图 5-43 产业结构示意图

导功能的差异合理布置公共服务设施、各类商业业态以及休闲娱乐活动设施（图5-44）。

整合升级现有伯翘大道、陈仙公路两侧的商业服务设施，强化现有商业服务轴的辐射能力，打造社区十字活力动线；建设社区级文化站、图书馆、地方戏剧院、文化广场等设施。村级文化室将与乡村旅游相结合，丰富群众文化生活；建设社区级全民健身中心，将健身休闲场地与开敞空间及街头绿地相结合，配置体育器材设施，满足村民健身需求；构建社区级—村级医疗服务网络，增加社区医院床位及医疗设备，增加村级卫生室，并配备基本的医疗设施。

在旅游为主导的服务设施建设方面，重点建设特色酒店与外围民宿，为游客提供不同风格及档次的住宿服务；在社区中心打造地方特色美食街，于乡村旅游片区打造农家乐餐饮，形成餐饮点布局合理、风格多样、不同档次的餐饮服务系统；规划活动广场及地方戏剧院，供民俗活动、文艺表演和游客娱乐使用。

3) 空间优化，老街坊里的乐活新生

社区需要一个纯朴但温暖、友好又开放的公共生活空间，能够代表本地生活的原生精神。在社区的规划中除了坚持土地集约利用、公共服务均等布局、基础设施一体建设等必要的原则之外，对街道空间、建筑风貌、景观绿地，甚至每一处可能发生活动的场所，都应坚持本地、绿色、有机的组织原则，在以此打造的精明集约的城镇功能片区内形成的社区空间，丰富搭配，令人舒心愉悦。

仙门城社区各个经济联合社的公共活动空间大抵狭小局促，普通的活动场地稍加设施安装就已挤挤挨挨，历来都有寸土寸金的珍贵感。于是在规划方案的深化中，通过内外空间上的协调融合，致力营造舒

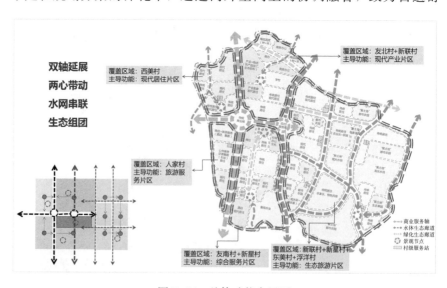

图5-44 总体功能布局图

畅开阔的生活空间。开放式的游园与绿地，串联有序的街巷交通组织，能够提供动静相宜、疏密相间的系列生活场所，通过公共服务配套设施的植入、基础设施的改造等相关措施，引导社区用地使用强度提升的同时，扩大公共活动空间的容量，提高社区活动的承载力，促进社区邻里交往，打造平安、和睦、融洽的新社区生活模式（图5-45、图5-46）。

4）生态反哺，将可持续的能量释放到底

就地取材，开发闲置的灰色空间，结合社区内部公共场所布置景观绿地和开敞空间，联通社区外围乡野田园生态空间，改造成居民休闲健身等日常生活的娱乐空间。

图5-45 商业街区效果图

图5-46 戏台剧院广场效果图

治理水系沟渠，减少污染排放，利用三处放大水面打造分布在友北村、友南村与新星村交界处以及东部浮洋村的三处主题景观公园，运用生态化处治技术，清理生活污染，恢复生态功能的同时构成社区内集聚人气的景观亮点（图 5-47）；维护东部农田的原有肌理，将其作为社区的特色生态基底和景观基底。

因地制宜做出的规划，可以在最大程度上减少建设的浪费。在生态环境的开发利用上，每一处绿地生态资源都被划定明确的边界，每一处水系驳岸都有具体的保护与建设方案，通过保持规划的高度整体性，形成社区生态环境的自循环。

5）机制创新，激活一切可能性的共创社区

随着互联网信息技术的发展与潮汕地区民间资本力量的不断壮大，参与社区建设的各类社会组织及资金正逐步走向合作互助、共同参与的道路，单一介入社区建设的模式也在政府、社区资本、开发商等各方合作中得到改善。在此基础之上，通过建立适当的社会资本引入机制与项目库，将推动社区发展的行动计划转化为若干切实可操作的建设项目包，同时确定有保障的利益返还机制，由以本地乡贤等代表的资方认领，明确政府、社区居民、社会资本三方的义务与权利，形成开放、高效、协同的社区共创工程，加速仙门城社区实现规划蓝图中所制定的宏伟目标（图 5-48）。

6）一切营造都为了心花怒放

基于近年来社区在空间环境规划建设上所落实的一系列行动，社区环境风貌切实在发生明显改善。漫步仙门城社区，几乎在每一处空间都可以感受到不同的场所氛围但又不会产生错乱迷失之感。规划对于社区领导者以及居民来说不再是特别的存在，而是为了打造美好生活的重要部分。

图 5-47　滨水空间整治改造效果图

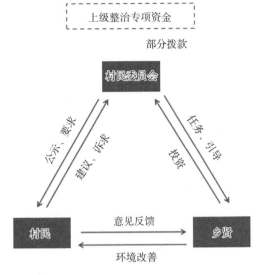

图 5-48 社区（村民委员会）—居民—乡贤共治机制示意图

5.5.5 合作促发展：生态引领联村共创乡镇产业发展共同体⑭

雷岭镇是潮南区南部生态门户。雷岭的荔枝是出了名的特色农产品。雷岭镇有着"荔枝之乡"的美誉，并拥有自主荔枝品牌，荔枝品质佳口味好，常年出口美国。此外，雷岭镇还拥有特色的天然温泉资源，千百年来涌流不息，具有很好的保健、护肤、养颜等作用。

1) 区域统筹的升级：从"单打独斗"到"合力共赢"，规划潮南"双子星"旅游门户

在建设规划中，我们以区域协同发展的理念，根据全区总体规划对红场、雷岭两个镇的职能定位及各自的资源禀赋，拓展现有产业链，开发特色旅游资源，提出共同打造潮南大南山地区的"双子星"南部门户的概念，将红场、雷岭打造成"一动一静"，形成差异化联动发展。

雷岭镇将紧紧围绕荔枝特色农业品牌，以自身特色温泉养生资源为核心旅游产品抓手，吸引亲子家庭及中老年客群，打造大南山脚下以"静"为特色的温泉荔枝小镇。

2) 产业IP⑮的放大：提出"荔枝＋温泉"双重IP，放大雷岭荔枝品牌效应

（1）荔枝IP：单一农业产品向产业多元化产品的转变

雷岭素有"荔枝之乡"的美誉，是汕头市内面积最大、产量最多、质量最好的荔枝产区，特色种植业优势明显，农业人均产值远高于全区水平。然而，雷岭镇仍以传统农业种植为主，对其他产业的带动性不强，鲜明的农业特色资源优势未得到充分开发利用。

通过三步走战略，以特色荔枝种植业为产业核心和品牌抓手，不断

放大荔枝品牌效应，丰富荔枝产品农旅产业链。通过将原来具有特色的绿色荔枝产业链向旅游业方向延伸，构建三次产业联动发展新格局，放大雷岭荔枝品牌区域影响力。

具体的发展路径是：第一步，通过特色节事活动体系的构建和媒体营销，放大荔枝品牌在粤东的影响力，让荔枝为雷岭代言，如一年一度的雷岭荔枝文化旅游节；第二步，挖掘现有产业及资源的文化内涵，围绕荔枝核心产品，重点延伸农业+旅游方向产品，注重游客的参与性，提高产品附加值；第三步，转变农业生产方式，由单一散户种植向多样化经营方式转变，同时以本地农产品为基础发展农业特色电商、农产品商贸等相关产业（图5-49）。

（2）温泉IP：打造潮南区温泉养生后花园，凸显大南山"一动一静"发展格局

与荔枝相比，雷岭的鹅地温泉相对不为人知。千百年来，不论雨天还是旱季，5眼鹅地天然温泉涌流不息，每个泉眼每天的出水量可供2万人使用，泉水温度为68—76℃（满足最适宜开发温度），水源富含硫元素及大量微量元素（具有丰富的矿物质资源），具有很好的保健、护肤、养颜等作用。雷岭境内山清水秀，空气清新，无大气污染，气候宜人，非常适合发展温泉旅游，而温泉旅游是朝阳产业中的朝阳，可以延伸出丰富的产品体系，具有明显的经济带动效应和社会效应。当前，鹅地温泉现状开发程度较低，基本没有配套设施。

以雷岭的天然温泉资源为发展基础，分圈层开发温泉养生度假产品，紧抓亮点资源——温泉养生作为核心圈层，吸引人气，并针对中老年人、商务会议人士、年轻人、亲子家庭等不同目标客群，叠加康复疗养、会

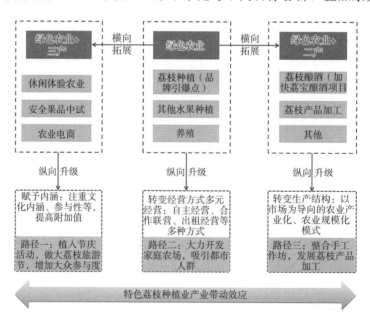

图5-49　产业发展路径

议休闲、旅游度假、科普教育，构建全年龄段、全生命周期的温泉养生旅游产品，并发展饮食、民俗文化等服务配套产品作为外围圈层。通过雷岭温泉度假品牌的打造，解决当地就业、增加人民收入、美化人居环境（图 5-50）。

3）空间品质的提升：以精品民宿为核心抓手，提升城乡空间品质

雷岭本土特色的原生态石头村落霞厝村建于明末，至今已有 300 多年历史，如今大半村民已搬迁至山下的新寨区居住，青壮年大多外出工作，老年人和儿童留守，石头村落仍保存着依山而建的整体风貌和就地取材的石屋石墙，并保留着传统的潮汕特色生活习俗。

霞厝村等传统村落提出以"精品民宿"为核心的空间品质提升路径（图 5-51）。以特色古村落为载体，深入挖掘地方建筑、民俗、红色等特色文化，注入新的发展方式，打造以精品民宿为重点的旅游配套产品，同时改善乡村生活环境，提升基础设施建设水平，为古村落打造新的经济增长点。

在开发运营模式上，建议采用"政府指导—村民参与—共同发展"的模式，村民用以房入股的方式与民宿投资方进行合作，以精品民宿为契机，改善空间品质，并为古村落带来新的增长点（图 5-52）。从政府的角度来看。这样带动了地方就业，增加了财政收入，改善了村容村貌，完成了房屋改造，提升了基础设施建设水平，并践行了政府创建文明城市的口号；从开发商角度来看，这样减少了投资成本，获得了精品民宿的产值；从当地农民角度来看，这样增加了收入，改善了居住环境，实现了房屋的可持续利用。最终达到政府、开发商、农民"三赢"的局面。

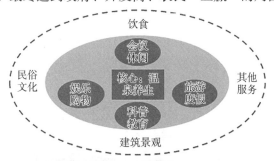

图 5-50　温泉资源发展

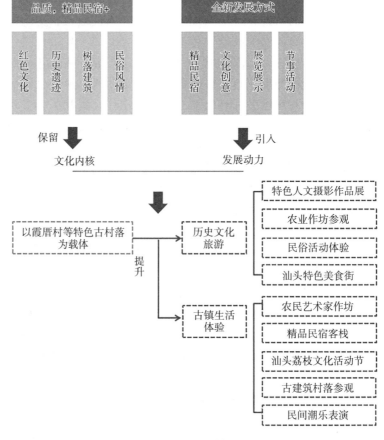

图 5-51　空间品质提升路径

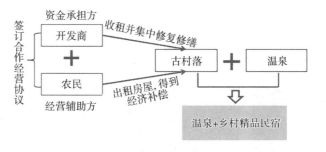

图 5-52　开发运营模式

4）三大策略：产业、空间、行动三大近期发展策略，实现"一张蓝图下的规划行动"

通过雷岭镇荔枝、温泉、古村民宿"三个一"抓手，构建"1+1"产业体系，提高产业附加值，促进经济提升；依托雷岭镇的空间资源条件，契合上位规划和政策导向，结合产业策略，通过"1—1—1—N"空间策略，提高空间品质，塑造精致山地空间；通过"一张表"项目库及一系列行动计划作为产业和空间发展的支撑。通过三大策略最终实现雷岭镇的区域特色发展，打造粤东绿色果品示范生产基地、汕头特色山地温泉养生主题小镇、潮南区域特色古村落旅游开发示范，实现"生态门户，温泉小镇"的总体发展愿景。

5.6 以组织振兴为主的乡村规划实践

自2017年以来，汕头市为深入贯彻省委省政府以推进农村人居环境综合整治为突破口，在全省范围内的市县全域推进社会主义新农村建设的决策部署，市委市政府决定，在全市范围内开展"百村示范、千村整治"的美丽乡村建设三年大行动，全力推进农村人居环境综合整治，建设美丽乡村。在这个过程中潮南乡村治理取得新突破，初步形成了自组织模式下"社企合作渐进式"乡村治理模式[⑯]。

司马浦镇大布上村是南京大学城市规划设计研究院北京分院在2014年进行的乡村规划实践。现在回顾起来，最深刻的认识是这里的乡村规划工作有三个"治理型"难点：第一，是空间治理的难点，即现状的乡镇无序与本土固化思维下的复杂乡村空间如何精致利用？第二，是市场治理的难点，即现状产业低水平、缺少动能下的乡村产业如何精准突破？第三，是社会治理的难点，即在现状"自组织"逻辑下，乡村建设项目如何精确落地？

1）大布上村：基于"社企合作渐进式"的乡村治理模型

针对潮汕地区大布上村所呈现的"空间混杂""柔性经济""自组织"等特征，我们认为潮汕地区乡村规划的重点应着重于乡村治理，即在厘清各方关系的前提下，循序渐进、因势利导地提出规划指导。基于大布上村的情况，本次规划创新性地提出了"社企合作渐进式"的乡村治理模型引领乡村规划。该模型是力求充分借助潮汕地区自下而上的强大力量，特别是强调通过社区/村集体与企业的合力，形成对乡村的共治[1]。治理模型的重点是提出基于潮汕区域所呈现的三重特征下的"渐进式"路径，包括空间渐进治理、市场渐进治理和行动渐进治理三个方面的路径。

（1）空间渐进治理路径：以"三生"空间为切入点的小尺度更新，建立社区/村集体与上级政府的基础性共识

空间渐进治理是围绕乡村的"生态、生活、生产"空间，针对性地提出生态本底、生活服务、生产配置方面的"小尺度"、渐进式具体路径[2]，从而在规划层面在上级政府与社区/村集体间建立一种相对温和、易于各方接受的基础性共识。

① 生态空间的渐进式：从恢复"风水塘"到河涌水系，再到区域性生态网络

首先是基于大布上村的生态水系进行恢复，重新识别现状乡村肌

理中的多个"风水塘",提出对坑塘水体及周边环境的整体改造措施。其次对村域内的十多条大小河涌提出河道疏浚及局部连通的规划。最后结合南部农田、道路绿化等形成接内联外的区域性乡村生态网络。

②生活空间的渐进式：从传统宗祠和民居空间的识别保护，到现代混合生活服务功能补缺

对大布上村10处传统宗祠及广场进行保护，并对宗祠周边的传统民居进行识别，从而明确大布上村的核心生活服务范围。基于现有与未来规划的乡村生活空间，更新现有相对分散、功能单一的乡村生活服务点为功能混合的乡村公共服务中心，建立服务村民便捷生活的"主＋次"复合型双公共服务点。

③生产空间的渐进式：从高潜力空间识别后的精致产业植入，到乡—镇—城三次产业的互联

鉴于现状大布上村生产空间的复杂和低效，规划提出首先通过对生产空间的用地开发潜力进行综合评价，挖掘大布上村未来的高潜力空间，优先对其进行未来精致产业的空间更新和土地供给。综合评价潜在功能触媒影响下的用地效率和"多规融合"城乡建设用地综合比对分析后的多指标集成分析结果。再由点及面，围绕乡村精致产业的差异化，在区域层面形成与镇区、中心城区、周边乡村的乡—镇—城三次产业的互联互补。

(2)市场渐进治理路径：重塑社企伙伴关系下的产业导入与多元资本下的乡村建设模式

市场渐进治理，是通过规划重新发挥地方企业家和乡贤在乡村产业及乡村建设上的重要作用，自下而上地引导乡村产业融入机会市场，带动乡村经济和乡村风貌的整体提升[3]。

乡村产业的渐进导入：基于大布上村现状产业类型，在提出乡村产业体系前，首先与大布上村、司马浦镇的企业家进行一轮沟通商议，对未来物流意向企业、农业加工企业的产业导入意愿进行充分接洽，明确更具实施性的近期乡村重点产业，进而通过产业补链形成面向中长期的乡村产业体系。在产业导入的同时，向社区/村集体以及企业家讲解未来大布上村将具备的交通、公共服务等方面的升级条件和上位土地利用规划指标的限制性要求，从布局合理性、用地规模的可行性等方面说服各方并有效引导乡村产业导入。

多元资本下的乡村建设模式：在乡村建设模式上，同样注重以社区/村集体和企业家为核心的多元资本利用，推进项目建设。规划基于潮汕地区的乡情特征，提出了基于地方乡贤、企业的社企伙伴关系多元资本建设模式。利用本地乡贤或企业家的多元资本，投资建设化整为零项目，减轻地方政府的财政压力，以点带面地盘活村集体土地，形成多方共赢的大布上村建设模式（图5-53）。

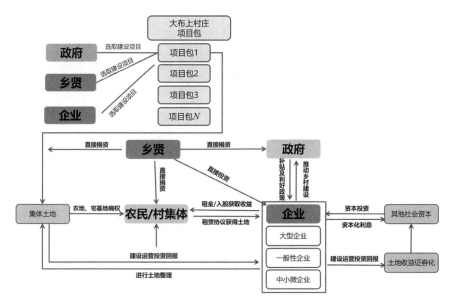

图 5-53 大布上村建设模式示意

（3）行动渐进治理路径：以精致空间改造项目触动乡贤强大的行动力

行动渐进治理，是指导大布上村近远期建设的具体行动指南，包括整体行动的渐进治理以及精致空间的示范设计。

① 整体行动的渐进治理：以小微项目形成乡村行动项目库

首先对大布上村规划建设用地地块进行全覆盖的整体控制，针对各存量更新、新建地块均提出具体要求，以衔接后续规划管控要求。再根据空间渐进治理的内容，汇总提出生态类、生活类、生产类共 17 个小微项目[4]，形成乡村小微项目库行动指南。

② 精致空间的示范设计：大布上村的"小公园"微改造

基于现状文件调查中居民反映"缺少村级公园绿地"的核心诉求，规划选址一处祠堂前的废弃空间作为村级公园进行"微改造"设计。设计注重取材本地化、维持现状地形设计、多元人群活动空间塑造，尽力做到节省投入、小微改造、效果提升。公园设计过程非常注重与村民、乡贤沟通，经过多轮沟通完善后达成了方案共识。

2）大布上村"社企合作渐进式"成为潮汕地区可复制、可推广的乡建模式

（1）本地价值：实施效果初显，乡镇治理开始进行应用

在大布上村"小公园"微改造规划设计的同时，村集体落实了乡贤和企业反哺资金，并按照设计方案展开了"小公园"项目建设，2016 年底已初步完成建设（图 5-54）。同时，2017 年初，大布上村所在的司马浦镇也明确了在其他 8 个乡村继续推行大布上村的规划治理模式。

大布上社区公园改造前　　大布上社区公园规划设计方案　　大布上社区公园改造后

图 5-54　大布上村"小公园"改造

（2）区域价值：乡村治理模式在市域推广，经总结提升形成潮汕特色的"治理式"规划学术成果进行行业交流

2017 年 5 月，在汕头市"百村示范，千村整治"规划编制工作专场培训班中，南京大学城市规划设计研究院北京分院作为专家单位受邀在本次培训班上为全市镇街进行专题授课，将大布上村庄规划中的"社企合作渐进式"治理作为案例进行了讲解。此外，我们也进一步将在大布上村的规划实践总结提升为潮汕特色的治理式规划学术成果，并在 2016 年中国城市规划学会城乡治理与政策研究学术委员会学术年会、"亚太住房研究网络"国际研讨会——城市化新进程中的住房问题：机遇与挑战中进行了宣讲交流，得到了业界的高度认可。大布上村庄的规划实践，也成功实现了近年来在潮汕地区的"区域战略—乡镇蓝图—乡建特色"规划理念。

第 5 章注释

① 本节部分观点源自南京大学城市规划设计研究院北京分院《汕头市潮南区全域乡村建设规划（2017—2030 年）》，乔硕庆改写，王憨东校对修改。

② 本节部分观点源自南京大学城市规划设计研究院北京分院《"家园潮南"规划践行系列纪实之四：胪岗篇：中心城区"左膀右臂"，胪岗规划践行路》，原文作者为方慧，陈易、乔硕庆修改。

③ 本节部分观点源自南京大学城市规划设计研究院北京分院《"家园潮南"规划践行系列纪实之五：司马浦篇：做好中心城区的"算术题"，司马浦镇规划践行路》，原文作者为张雷、林崇明，陈易、乔硕庆修改。

④ 本节原文作者为侯晶露，陈易、乔硕庆修改。

⑤ 本节部分内容和观点源自南京大学城市规划设计研究院北京分院《汕头市潮南区城区"三年大提升"治理政策机制研究》，乔硕庆改写。

⑥ 本节部分观点源自南京大学城市规划设计研究院北京分院《"家园潮南"规划践行系列纪实之十一：红场篇：大南山"双子星"之红色小镇的多彩蜕变》，原文作者为叶志杰，陈易、乔硕庆修改。

⑦ 本节部分观点源自南京大学城市规划设计研究院北京分院《"家园潮南"规划践行系列纪实之九：成田篇：互联网碰撞传统文化，点燃成田产业发展新火炬》，原文作者为方慧，乔硕庆修改。

⑧ 本节部分观点源自《汕头市潮南区峡山街道陇美村美丽乡村规划（2019—2030

年）》说明书，作者为陈易、乔硕庆。
⑨ 参见《广东省人民政府关于印发广东省沿海经济带综合发展规划（2017—2030年）的通知》。
⑩ 本节原文作者为侯晶露，陈易、乔硕庆修改。
⑪ 本节部分观点源自南京大学城市规划设计研究院北京分院《"家园潮南"规划践行系列纪实之十二：仙城篇：打好本色王牌，焕新康养慢活镇》，原文作者为方慧，乔硕庆修改。
⑫ 本节部分观点源自南京大学城市规划设计研究院北京分院《"家园潮南"规划践行系列纪实之十三：井都篇：南海之滨、鱼米之乡，乘风踏浪跃龙门》，原文作者为张雷、陈灿新，陈易、乔硕庆修改。
⑬ 本节部分观点源自南京大学城市规划设计研究院北京分院《"家园潮南"规划践行系列纪实：仙门城篇：绿色理想家园的试验田，先蒙城社区规划践行路》，原文作者为王雪峥，乔硕庆修改。
⑭ 本节部分观点源自南京大学城市规划设计研究院北京分院《"家园潮南"规划践行系列纪实之十：雷岭篇：大南山"双子星"之荔枝温泉小镇华丽转身》，原文作者为叶志杰，乔硕庆修改。
⑮ IP 即 Intellectual Property，表示知识产权。
⑯ 本节部分观点源自南京大学城市规划设计研究院北京分院《"家园潮南"规划践行系列纪实之十六：司马浦大布上村篇：潮南乡情特色下的"社会合作渐进式"乡村治理》，原文作者为陈易、李晶晶，陈易、乔硕庆修改。

第 5 章参考文献

[1] 陈易. 精明收缩背景下的社企合作空间治理模式研究：基于卡尔波兰尼"双向运动"理论的启示 [C]. 厦门：中国城市规划学会城乡治理与政策研究学术委员会学术年会，2016.

[2] CHEN Y. SPR as solution of action plan in China's master plan innovation [J]. Habitat international，2015，50：300-309.

[3] 陈易. 转型期中国城市更新的空间治理研究：机制与模式 [D]. 南京：南京大学，2016.

[4] CHEN Y，YUAN W，LI Z G. From blueprint to action：the transformation of the planning paradigm for Desakota in China [J]. Cities，2017，60：454-465.

第 5 章图片来源

图 5-1 源自：参考网《美莱顺打造潮南第一内衣城》.

图 5-2 源自：笔者根据南京大学城市规划设计研究院北京分院《"家园潮南"规划践行系列纪实之四：胪岗篇：中心城区"左膀右臂"，胪岗规划践行路》内容绘制.

图 5-3、图 5-4 源自：南京大学城市规划设计研究院北京分院《"家园潮南"规划践行系列纪实之五：司马浦篇：做好中心城区的"算术题"，司马浦镇规划践行路》.

图 5-5、图 5-6 源自：南京大学城市规划设计研究院北京分院项目《汕头市潮南区练江滨海生态发展示范片区产业规划（2021—2035 年）》.

图 5-7 源自：南京大学城市规划设计研究院北京分院项目《汕头市潮南区成田镇蓝

丰村整治创建规划》.

图 5-8 至图 5-11 源自：南京大学城市规划设计研究院北京分院项目《汕头市潮南区城区提质治理政策机制研究》.

图 5-12 源自：汕头史志公众号.

图 5-13 至图 5-16 源自：南京大学城市规划设计研究院北京分院《"家园潮南"规划践行系列纪实之十一：红场篇：大南山"双子星"之红色小镇的多彩蜕变》.

图 5-17 至图 5-24 源自：南京大学城市规划设计研究院北京分院《"家园潮南"规划践行系列纪实之九：成田篇：互联网碰撞传统文化，点燃成田产业发展新火炬》.

图 5-25 至图 5-27 源自：南京大学城市规划设计研究院北京分院项目《汕头市潮南区峡山街道陇美村美丽乡村规划（2019—2030 年）》.

图 5-28 源自：大华网；搜狐网.

图 5-29 至图 5-34 源自：南京大学城市规划设计研究院北京分院《"家园潮南"规划践行系列纪实之十二：仙城篇：打好本色王牌，焕新康养慢活镇》.

图 5-35 至图 5-42 源自：南京大学城市规划设计研究院北京分院《"家园潮南"规划践行系列纪实之十三：井都篇：南海之滨、鱼米之乡，乘风踏浪跃龙门》.

图 5-43 至图 5-48 源自：南京大学城市规划设计研究院北京分院《"家园潮南"规划践行系列纪实：仙门城篇：绿色理想家园的试验田，先蒙城社区规划践行路》.

图 5-49 至图 5-52 源自：南京大学城市规划设计研究院北京分院《"家园潮南"规划践行系列纪实之十：雷岭篇：大南山"双子星"之荔枝温泉小镇华丽转身》.

图 5-53、图 5-54 源自：南京大学城市规划设计研究院北京分院《"家园潮南"规划践行系列纪实之十六：司马浦大布上村篇：潮南乡情特色下的"社会合作渐进式"乡村治理》.